Königs Erläuterungen und Materialien
Band 116/116a

Erläuterungen zu
Thornton Wilders

Unsere kleine Stadt

und

Wir sind noch einmal
davongekommen

von Karl Brinkmann †

neu gefaßt und erweitert
von Reiner Poppe

C. Bange Verlag - Hollfeld/Obfr.

Herausgegeben von Klaus Bahners, Gerd Eversberg und
Reiner Poppe

3. verbesserte Auflage 1984
ISBN 3-8044-0320-4
© 1977 by C. Bange Verlag, 8607 Hollfeld
Alle Rechte vorbehalten!
Herstellung: Heinz Neubert GmbH, Schloßberglein 2, 8580 Bayreuth

INHALTSÜBERSICHT

1. Thornton Wilder 5
1.1 Biographisch-bibliographischer Abriß 5
1.2 Thornton Wilder und das moderne Theater 9
1.3 Die zentrale Rolle des Spielleiters 18

2. Unsere kleine Stadt
   — ,,Leb wohl, Kind der Musen..." — 24
2.1 Sachliche und sprachliche Erläuterungen 28
2.2 Das Bühnengeschehen 30
2.3 Das Erzbeispiel des Unvermeidlichen 48

3. Wir sind noch einmal davongekommen
   — ,,Trost und Warnung zugleich" — 51
3.1 Sachliche und sprachliche Erläuterungen 69
3.2 Das Bühnengeschehen 71
3.3 Wir sind noch einmal davongekommen
   — vierzig Jahre danach 94

4. Wilder und die Kritik 97

5. Literaturverzeichnis 101

1. THORNTON WILDER

1.1 Biographisch-bibliografischer Abriß

Thornton Wilder ist am 17. April 1897 in Madison im Staate Wisconson geboren. Als Sohn eines amerikanischen Generalkonsuls verlebte er acht Jahre seiner Jugend in China, wo er deutsche Missionsschulen besuchte. Leitlinie für seine Erziehung war: ,,Möglichst breit, möglichst weit, möglichst tief." Kurz vor dem ersten Weltkrieg kehrte er mit seiner Familie in die Staaten zurück. Dort besuchte er das Oberlin-College und studierte an der Universität New Haven. Eine kurze Dienstzeit bei der Küstenartillerie unterbrach während des ersten Weltkriegs sein Studium an der Yale Universität, das er 1920 abschloß. Ein Jahr verbrachte er anschließend an der amerikanischen Akademie in Rom, wo er Archäologie und Französisch studierte. 1925 promovierte er an der Princeton Universität (New York) zum Doktor der Philosophie. Dann wirkte er als Lehrer an der Schule in Lawrenceville und als Dozent an der Universität Chicago. Als Professor wurde er an die Universität Handon (Connecticut) und schließlich als Professor der Dichtkunst an die Harvard Universität berufen. Oft weilte Wilder in Europa. Während des zweiten Weltkrieges war er Offizier beim amerikanischen Geheimdienst in Afrika und Rom.
Mit dem Roman ,,The Cabala" (1926, deutsch: ,,Die Cabala" 1929) hatte Wilder seine schriftstellerische Laufbahn begonnen. Das Werk spielt in römischen Adelskreisen zur Zeit nach dem ersten Weltkrieg und behandelt den musealen Konservativismus der dekadenten römischen Aristokratie. Ein Jahr später folgte der fünf biographische Novellen verknüpfende Roman ,,The Bridge of San Luis Rey", der bereits 1927 als ,,Die Brücke von San Luis Rey" ins Deutsche übertragen wurde und Wilders Weltruhm begründete.

Im Mittelpunkt steht der Einsturz einer peruanischen Brücke im Jahre 1714, der einen Pater veranlaßt, dem Schicksal der dabei verunglückten Personen nachzuforschen und damit die Frage nach Zufall oder Schicksal der Opfer erhebt. 1954 gestaltete Hermann Reutter danach seine gleichnamige Oper. 1930 erschien Wilders Roman ,,The Woman of Andros" (1931 deutsch als ,,Die Frau von Andros"), ein Kurzroman, der das Bild der antiken Hetäre dichterisch gestaltet. Weitere erzählende Werke Wilders sind ,,Heavens's my Destiny" (1935, deutsch: ,,Dem Himmel bin ich auserkoren" 1936) und der im Rom der Zeit Caesars spielende Roman aus fingierten Dokumenten, Tagebüchern, Briefen, Heeresbefehlen und Polizeiberichten ,,The Ides of March" (1948), der im gleichen Jahr unter dem Titel ,,Die Iden des März" auch in deutscher Sprache erschien.

Als dramatischer Dichter gewann Wilder nach dem Einakter ,,The long Christmas Dinner" (1931) Weltbedeutung mit dem dramaturgisch revolutionären Stück aus einer amerikanischen Kleinstadt ,,Our Town" (1938), das bereits während des Krieges (1944) auch ins Deutsche übersetzt, 1944 in Zürich uraufgeführt und nach dem Kriege von allen deutschen Bühnen übernommen wurde. Ebenso erfolgreich wurde ,,The Skin of our Teeth" (1942), das ebenfalls 1944 unter dem Titel ,,Wir sind noch einmal davongekommen" in deutscher Sprache veröffentlicht wurde. Erfolgreich auf deutschen Bühnen wurde auch die 1954 herausgebrachte Nestroy-Bearbeitung Wilders ,,The Matchmaker", die in Deutschland unter dem Titel ,,Die Heiratsvermittlerin" gespielt wurde, auch wenn sie nicht ganz den Erfolg der beiden anderen Stücke erreichte. Für das Verständnis Wilders wesentlich sind auch seine Einakter und Dreiminutenstücke, die erstmalig 1954 in deutscher Sprache herauskamen.

1938 war Wilder bereits in die American Academy of Arts and Letters berufen worden. Sein Stück ,,Our Town" wurde mit dem Pulitzer-Preis ausgezeichnet. Den gleichen Preis hat er bereits

1927 für ,,Die Brücke von San Luis Rey" erhalten, 1942 wurde er ihm für ,,Wir sind noch einmal davongekommen" wieder verliehen. 1957 wurde ihm, der seit 1947 immer wieder nach Deutschland gekommen war, die deutsche Sprache sicher beherrscht und an den Proben zu seinen Stücken teilgenommen hatte, in der Frankfurter Paulskirche der Friedenspreis des deutschen Buchhandels überreicht. In seiner gesellschaftskritischen Ansprache sagte er damals: ,,Die Demokratie hat eine große Aufgabe, nämlich neue Mythen, neue Metaphern und neue Bilder zu erschaffen und den Stand der Würde aufzuzeigen, in die der Mensch getreten ist."
Thornton Wilder wurde auch in die Ordensklasse ,,Pour le mérite" aufgenommen und erhielt 1968 für seinen Roman ,,Der achte Schöpfungstag" den ,,National Book Award" für den besten amerikanischen Roman des Jahres 1967. Im Jahre 1974 erschien Wilder's letzter Roman, ,,Theophilus North".
Thornton Wilder starb am 7. Dezember 1975; er war der letzte der großen amerikanischen Schriftsteller, die kurz vor der Jahrhundertwende geboren worden waren (J. Dos Passos 1896-1970, S. Fitzgerald 1896-1940, W. Faulkner 1897-1962 und E. Hemingway 1898-1961).
Am 14. Dezember 1956 stand Thornton Wilder in einem Interview seinem Fragesteller Richard H. Goldstone Rede und Antwort.[1]
Das Interview macht deutlich, warum Th. Wilder als einer der ,,eigenwilligsten und komplexesten Geister Amerikas" eingeschätzt worden ist. Unserem kurzen biographisch-bibliographischen Abriß füge ich noch einige Aussagen dieses bedeutenden amerikanischen Schriftstellers aus dem Interview hinzu, die Weltbild und Kunstauffassung des Romanciers und Dramatikers lebhaft charakterisieren.

[1] wie sie schreiben - Writers at Work. Sechzehn Gespräche mi Autoren der Gegenwart. Herausgegeben und mit einer Einführung versehen von Malcom Cowley. New York 1958/Gütersloh o.J., S.117-139.

,,Mein Sprungbrett aber (Anmerkung: für die Arbeit), das war seit eh und je ein ausgedehnter Spaziergang...
Ich glaube, Sie werden mir beipflichten, wenn ich feststelle, daß sich mein Werk schrittweise dem mir bekannten Amerika angenähert hat. Die erste Szenerie war ein reines Phantasieprodukt, wenn es sich auch um das Rom des 20. Jahrhunderts handelte (ich bin mit den geschilderten Kreisen dort nie in Berührung gekommen); auf Rom folgte Peru, und auf Peru das hellenistische Griechenland. In ,,Heaven's My Destination" hatte dann das amerikanische Milieu Premiere...

Selbst der objektivste Roman spiegelt immer auch die Gefühle des Autors, reflektiert die Lebensansicht, verrät die Beschaffenheit eines Geistes und weist Spuren seiner Leidenschaft auf...

Für mich ist das Theater die größte und unmittelbarste aller Kunstformen, was es heißt: ein Mensch sein. Das Theater ist deshalb die überlegene Gattung, weil es immer ein ,,Jetzt" darzustellen vermag...

Kein Schriftsteller, dessen Absichten nicht didaktisch angehaucht wären. Das erst bringt die Maschine in Gang...

Ich bin ein stürmischer Verehrer vieler Vorbilder, sozusagen einmal quer durch die ganze Literaturgeschichte. Dann und wann verliere ich — traurig genug — einen aus den Augen. Unter den Zeitgenossen bin ich Ezra Pound und T. S. Eliot tief verpflichtet. Und die Vergangenheit? Ich habe in den letzten Jahren viele Stunden mit der Lektüre Lope de Vegas zugebracht. Aber nicht etwa, um sein Gesamtwerk zu würdigen; es war vielmehr ein eigenartiges, mich total absorbierendes Spiel um die Datierung der seiner enormen Produktivität entsprungenen Vielzahl an Schauspielen. Stundenlang könnte ich Ihnen von diesen meinen Vorlieben erzählen...

Ich glaube, ich schreibe, weil ich in meinem Regal gern ein neues Buch sehen möchte, ein Buch, auf dessen Lektüre ich mich freue;

oder ich schreibe, weil ich ein Schauspiel erleben möchte, eine Sache, die mich weiterbringt...
Aber ich bin nun einmal ein Erzähler, kein Kritiker (...) Gertrude Stein sagte einmal lachend, Schreiben wäre ,,erzählen, was man weiß, und sonst nichts. Nun ja, beim Erzählen hat man mit der Technik nicht weniger große Schwierigkeiten als mit der Wahrheit. Aber es sollte so direkt, so spontan, so unbedacht aus einem herausprudeln, wie's eben zu machen ist."

1.2 Thornton Wilder und das moderne Theater

Nach Wilders Meinung ist unsere individuelle Phantasie durch Radio, Film, Fernsehen und Reklame bereits im kindlichen Alter fast erstickt worden. Immer wieder erkennen wir, daß die Vorstellungen unserer Phantasie an irgendwo aufgenommene Vorbilder erinnern, daß die Phantasie kein luftiges Reich freien Schaffens mehr vorfindet. Die Vertrautheit mit allen technischen Dingen, der sich kein Mensch der Gegenwart entziehen kann, macht es uns schwer oder ganz unmöglich, die Illusion noch zu erleben, die einst vom Theater ausging. Wilder schrieb dazu: ,,Das eine ist gewiß; das realistische Theater mit dem handgreiflichen Kulissenzauber hat sich überlebt. Denken wir daran, wie plastisch Shakespeares Bühnensprache ist; so plastisch, daß nur szenische Andeutungen, ein symbolisches Minimum von Kulissen nötig sind, weil alles in den Worten plastisch wird und sich in dem damals noch illusionsstarken Zuhörer zum inneren Bild formt. Denken wir daran, daß, wenn wir bei ,,Romeo und Julia" mit plastischen mittelalterlichen Milieukulissen arbeiten, jeder Zuschauer sofort überlegt: ,,Diese Tragödie spielt ja im Mittelalter; sie ist ja schon lange vorbei!" Und er wird sich viel weniger angerührt fühlen, als wenn bloß das Wort auf ihn wirkt und damit die Tragödie zu allen Zeiten spielen könnte, für alle Jahrhunderte gültig und symbolisch wird."

Das Theater ist in einer ähnlichen Situation wie die bildende Kunst. Auch wo diese gegenständlich genannt wird, sucht sie nicht den Gegenstand in seiner einmaligen Erscheinung und die Zufälligkeit. Er wird ihr zum Mittel, innere Zusammenhänge zu erfassen, die der beobachtende und analysierende Verstand nicht ergründet. Sie greift in Bereiche hinter den Dingen, sie will das Unbegreifliche begreifen und verdeutlichen. Das technische Mittel der Photographie erfaßt den Gegenstand genau, genauer vielleicht als der Pinsel des Malers oder der Stift des Zeichners. Aber sie hat mit der technischen Vollendung ihre Grenze erreicht. Allerdings vermag der geübte Photograph, insbesondere der Farbphotograph durch Auswahl der Motive und die Art der optischen Erfassung beim Betrachter seiner Bilder — Landschaften oder Porträts — Eindrücke und Empfindungen wachzurufen, die denen der Darstellung des Künstlers nahekommen, die ihm mehr aussagen, als der Gegenstand an sich hergibt. Das darf aber nicht dazu verführen, auch beim Bild des Künstlers die Grenze der Aussage in der Genauigkeit der Wiedergabe, in der Realität des Dargestellten zu sehen, wie es in populärer Kunstbetrachtung auch heute noch oft geschieht. Dem rationalistisch eingestellten, materiell verhafteten Menschen der Gegenwart verflüchtigt sich das Geheimnis aus dem Gegenständlichen, er ist unfähig, das Unsichtbare hinter dem Sichtbaren zu erkennen. Der bildende Künstler ist deshalb gezwungen, das, was hinter den Dingen ist, deutlicher zu machen als der Künstler früherer Zeit. Er gerät damit in den Bereich des gerade noch oder nicht mehr Gegenständlichen. Auch der nicht abstrakte Maler oder Bildhauer will im Gegenstand die künstlerische Aussage über das, was ihm hinter ihm sichtbar wird, verdeutlichen.

In der Dichtung und auf dem Theater ist es nicht anders. Die Bühne aber kann nie ganz abstrakt werden, da lebende Schauspieler auf ihr stehen und agieren. Der Film, der über das technische Medium geht, kann nur realistisch sein, sonst widerspricht er der Technik, die ihn realisiert. Er gibt ein Stück Wirklichkeit, auch wenn er Geschichtliches bringt. Das technische Medium bedarf der Illusion nicht, es schließt sie vielmehr aus. Man hat den Film deshalb mit mehr oder weniger Recht mitverantwortlich für den Schwund an Illusionsfähigkeit gemacht. Die Bühne aber kann die Wirklichkeit nur unvollkommen vortäuschen, was sich auf ihr abspielt, gewinnt erst Wirklichkeit durch die innere Mitwirkung des Zuschauers, seine Beteiligung. Auch die vollkommenste Kulisse kann erst die Illusion der Wirklichkeit wecken, wenn die Phantasie ihr nachhilft. Wenn die Märchenbühne vor Kindern ,,Rotkäppchen" spielt, so kann man erleben, daß hallende Sprechchöre das unartige Kind warnen, wenn es in die Stube der Großmutter tritt, die bereits im Bauche des Wolfes mit diesem im Bett liegt, und daß die kleinen Zuschauer sich verärgert über das schwerfällig begreifende und trotz aller Warnung in sein Unglück rennende Rotkäppchen abwenden. Die kindliche Phantasie ist noch stark genug, das auf der Bühne nur angedeutete, aus Kenntnis des Märchens aber erwartete Geschehen realistisch, als Wirklichkeit zu erleben. Es ist aber undenkbar, daß erwachsene Zuschauer auf den Gedanken kämen, Wallenstein auf irgendeine Weise zu warnen, wenn sich die beiden Hauptleute mit der erklärten Absicht aufmachen, den Feldherrn zu ermorden. Dem Publikum bleibt bei allem Mitgehen, bei aller inneren Beteiligung bewußt, daß ,,gespielt" wird. Da hilft auch die beste ausgebaute Dekoration, jeder Schein der Wirklichkeit nicht weiter. Ebenso gut kann man auch der Phantasie der Zuschauer überlassen, sich mit Unterstützung des dichterischen Wortes in sie einzuleben.

Auf verschiedenste Weise sucht das moderne Theater, den Schein äußerer Wirklichkeit nicht aufkommen zu lassen. Das ist nicht absolut neu. Auch die romantische Ironie kennt die Desillusionierung. In Ludwig Tiecks „Der gestiefelte Kater" unterhalten sich Gestalten im Publikum sehr kritisch über die Unmöglichkeit, einen Kater als Helden eines Dramas vorzuführen. In Brentanos „Die lustigen Musikanten" verwundert sich der komische Truffaldino darüber, daß Leute aus den verschiedensten Gegenden auftreten und alle die gleiche Sprache sprechen. Aber das ist eine andere Art, den Schein zu zerstören, als in moderner Dichtung. Der Romantiker gestaltet den realen Weltverlust, dem die souveräne Persönlichkeit des völlig frei schaffenden Dichters gegenübertritt, der sich seine eigene Welt erschafft. Der moderne Dichter aber zerstört den Schein, um hinter ihm die künstlerische Welterfahrung, das Bewußtsein des bleibend Gültigen zu vermitteln. Man hat eine Verbindung von Wilder zu Luigi Pirandello (1867—1936) herstellen zu können geglaubt, der in „Sechs Personen suchen einen Autor" (1920, deutsch: 1925) unausgeführte Gestalten auf die Bühne bringt, deren Schicksal offen bleibt. Aber die Verbindung zwischen dem älteren Pirandello und dem drei Jahrzehnte jüngeren Wilder bleibt auch offen.

Die Wirksamkeit des Theaters kann nur von der inneren Illusion und nicht von der äußeren ausgehen, wie sie es im Grunde immer tat, auch wenn wie im Meiningertum die Bedeutung der äußeren überschätzt wurde. Schauspieler und Dichter wirken zusammen. Der Schauspieler stellt Gefühlsvorgänge als echt vor, genauer gesagt: er täuscht sie vor, denn er darf auch im erregtesten Spiel nicht die Kontrolle über sich selbst verlieren, wenn er echt und überzeugend wirken will. Dazu bedarf es außer des Talentes auch bestimmter Fähigkeiten, die er auf der Schauspielschule studiert und in einer Bühnenreifeprüfung nachgewiesen hat. Er wird nicht Hamlet oder Wallenstein, er spielt sie. Wenn sein Spiel aber dem Zuschauer als Wirklichkeit erscheinen soll, müssen die vorgetäuschten Gefühlsvorgänge der in den Geschehnissen sichtbar werdenden Idee des Dichters entsprechen. Auch diese Idee des

Dichters ist Illusion, innere Illusion, die hinter den vorgeführten Ereignissen sichtbar wird. Ihre Wahrheit ergibt sich daraus, wie weit sie menschlichem Wesen und menschlicher Gesinnung entspricht. Auf diese beiden Illusionen, die Gefühlsvorspiegelung durch den Schauspieler und die Idee des Dichters kann das Theater nicht verzichten, wenn es sich nicht aufgeben soll. Das menschliche Wesen aber ist immer gleich, auch wenn sich die sozialen Formen und die Denkweisen wandeln. Darum können sich im Drama auch Vergangenheit und Gegenwart ineinander verzahnen. Der Anachronismus ist nur dem Historiker unverzeihlich. Dem Dichter ist er nicht nur gestattet, er kann für ihn sogar notwendig sein, wenn er das typische Menschliche aufweist, wenn er erkennen läßt, daß Menschen zu verschiedenen Zeiten und auf verschiedenen Kultur- und Zivilisationsstufen auf gleiche Gefühle gleich reagieren. Der Weg des modernen Dramas führt weg vom Pathos des klassischen Dramas. Er führt weiter auf Pfaden, die schon lange vorher von einzelnen beschritten worden sind. Dennoch ist der Unterschied gegenüber den Bühnenwerken früherer Zeit eindeutig, wenn auch bei Grabbe oder Büchner schon vor hundert und mehr Jahren Merkmale auftreten, die wir als modern empfinden. Sicher ist es kein Zufall, daß ihre Dramen erst nach vielen Jahrzehnten ,,entdeckt" wurden. Als Merkmal unserer Zeit aber bleibt das Zerbrechen der äußeren Wirklichkeit. Durch sie soll die innere Wirklichkeit umso sichtbarer werden. Die technische Revolutionierung der Welt hat zu einer Veräußerlichung des Menschen geführt, die vor allem bei den schöpferisch Tätigen gebieterisch nach dem Gegenpol in der inneren Wirklichkeit verlangt. Der Materialismus beherrscht einen großen, den größten Teil der Welt, er tritt kraß und diktatorisch auf. Damit wird die Wirklichkeit der Umwelt bedrückend und ihre Gewalt wächst bedrohlich immer weiter. Unter diesen Umständen aber mißtrauen die Besten der Realität, immer größer werden die Zweifel daran, daß in ihr die wahre Wirklichkeit steckt. Es gibt aber nicht mehr nur eine einzige und für alle verbindliche Deutung der Wahrheit und der Wirklichkeit, des menschlichen Seins und des Sinnes. Unsere geistige Welt ist wie die soziale pluralistisch geworden. Deshalb suchen moderne Dichter und mit ihnen das Theater nach dem existentiellen Grund, nach dem Einfachen, dem Unmittelbaren. Ein archaischer Zug wird damit für die moderne Dichtung charakteristisch, der sich bei Wilder in der Relativierung der Erscheinungen auf die Gegenwart bekundet. Man hat Wilder den europäischsten unter den amerikanischen Dichtern genannt, weil er wie wenige mit dem überkommenen Kulturbesitz und der Tradition Europas vertraut ist. Aber es ist nur eine Seite seiner künstlerischen Persönlichkeit. Es ist auch typisch amerikanisch, weil sein Werk auf die vorurteilslose und von Tradition unabhängige Formung eines neuen menschlichen Ideals gerichtet ist, das vom Einfachsten, vom Menschen selbst jenseits aller nationalen und ideologischen Bindung ausgeht.

Für neue Inhalte brauchte Wilder eine neue Form des Dramas. Die klassische Einheit war unbrauchbar, weil sie die einheitliche Handlung und ihre Unterordnung unter eine Idee fordert. In dem Interview von 1956 (vgl. 1.1) erklärte er: ,,Der Dramatiker meint, ein purer Handlungsablauf — natürlich einer, in den Menschen verstrickt sind — ein solcher Handlungsablauf also, meint der Dramatiker, wäre effektvoller als jeder noch so gute Kommentar. Auf der Bühne herrscht ein ständiges Jetzt. Die Figuren bewegen sich auf jener messerscharfen Linie, von deren Verlauf der Grenzbereich zwischen Vergangenheit und Zukunft markiert wird, und das ist der angemessene Spielraum eines bewußt gelebten Lebens. Die Worte sprudeln nur so von ihren Lippen, unmittelbar und spontan. Im Roman aber regiert die Vergangenheit, und mögen die Selbstverleugnungs-Taktiken des Autors auch noch so raffiniert sein — das Täuschungsmanöver zieht nicht, von einem bestimmten Punkt an hören wir ihn und nur ihn reden, spüren wir, wie er

uns an vergangene, an erledigte Dinge erinnert, an willkürlich ausgewählte Ereignisse. Auch das Theater nimmt sehr schnell den Charakter jenes Podiums an, von dem herab man spricht: ,,Seht her, Leute, diese Dinge sind da, sie existieren nicht wirklich. Aber die meisten Dramatiker — was tun sie: Sie erklären: ,,Hört zu, Leute, aus dieser Handlung könnt ihr euch die und die Moral für den eigenen Gebrauch mit nach Haus nehmen." Die griechischen Tragiker schrieben, weil sie erbauen, ja sogar, weil sie politische Lehren erteilen wollten. Die Komödie wiederum, sie hat seit eh und je nur eine Absicht: Sie will Exzesse verhindern und Dummheiten brandmarken. Nur bei Shakespeare merkt man keine Absicht, nur von ihm wird man deshalb auch nicht verstimmt. Die Bühne umfaßt einen so großen Bereich, sie hat Platz für so unendlich viele Faszinationsmöglichkeiten, daß auch Prediger, Moralisten und Propagandisten dort noch einen Platz finden mögen. Denke ich aber an die höchste Funktion des Theaters, dann sage ich mit zwei Titeln von Shakespeare-Stücken: ,,Was ihr wollt" so gut wie ,,Macbeth".
Durch das Drama werden wir, wie Wilder weiter sagte, ,,uns der Möglichkeiten unserer menschlichen Existenz bewußt, ja mehr noch: Das Kunstwerk gibt uns die Kraft, im Einklang zu leben mit diesem Wissen." Darum fordert der Dichter von sich selbst Objektivität, Tatsachentreue. Was ihm bei Shakespeare wesentlich erscheint, strebt er selbst an: ,,Bei ihm ist es möglich, irgendwelche Verse zu isolieren und dann zu erklären, was wären die Axiome der Shakespeareschen Weltanschauung." Um dieses Ziel zu erreichen, müssen die gewohnten Orts- und Zeitbestimmungen aufgehoben werden. Die Vergangenheit wird in die reale Zukunft hereingenommen. Das erscheint überraschend bei ,,Unsere kleine Stadt", weil das Datum und die Stunde des jeweiligen Geschehens genau angegeben werden. Zwei Mittel aber verwischen den Charakter des einmaligen Geschehens: die Technik der Rückblende

und die ausführlichen Kommentare. Das Drama wird episch, es referiert und kommentiert. Dennoch hat Wilders Dramentechnik nichts mit dem epischen Theater zu tun, daß zu gleicher Zeit von Bert Brecht verkündet wurde. Wohl ist auch bei Wilder der Parabelcharakter des Spieles eindeutig, aber die Parabel weist nicht auf eine politisch-soziale Situation hin, die jederzeit umkehrbar ist und durch die Wirkung des vorgeführten Spieles umgekehrt werden soll. Wilder teilt nicht den Optimismus, daß nur durch Demonstration des falschen Verhaltens die Menschen zum Nachdenken angeregt und zur Behebung der ungerechten Zustände, zu deren Beseitigung geführt werden. Damit wird kein neues Theater, kein neues Drama geschaffen, sondern nur die dramatische Moralpredigt von früher mit politischer Zielsetzung fortgesetzt. Wilder weist auf die humanitäre Situation hin, die gleichzeitig auch schon die existentielle ist. Dazu ist das szenische Arrangement völlig verändert. Auch hier erinnert Wilder an die Bühne der Shakespeare-Zeit, die als Podium ins Publikum hineinragte und von ihm umschlossen wurde, und auf der die Illusion der realen Umgebung garnicht versucht wurde. Sie überließ der Vorstellungskraft der Zuschauer, den Schauplatz und die Zeit des Geschehens bei Aufführungen im hellen Tageslicht mit Hilfe des dichterischen Wortes selbst zu bestimmen. Wilder fordert zwar keine Rund- oder Podiumsplätze, ihm genügt die dekorationslose Bühne traditioneller Art oder auch im kleinen Zimmertheater, in dem Spielfläche und Zuschauerraum auf gleicher Ebene ineinander übergehen. Er verzichtet auf Dekoration. Die noch verbleibenden Requisiten sind zeitlos und dienen nur der Gliederung der Spielfläche.

Wie durch die Rückblende die Vergangenheit, so wird durch den Kommentar auch die Zukunft in das Spiel einbezogen, wenn schon gleich zu Anfang der **Spielleiter** über den fixen Zeitungsjungen, der das Ausliefern auch nur markiert, ausführt: ,,Das war ein gescheiter Bursche — verließ mit einem glänzenden Abgangszeugnis die Schule. Bekam ein Stipendium an der Technischen Hochschule in Boston. War im Begriff ein großer Ingenieur zu werden — aber dann brach der Krieg aus, und Joe fiel in Frankreich. Die ganze Ausbildung war umsonst gewesen." Durch die souveräne Behandlung von Ort und Zeit, von Vergangenheit, Gegenwart und Zukunft aber wird das Spiel um den Alltag der kleinen Stadt zur Parabel, zum Gleichnis für alles Dasein zu jeder vergangenen oder künftigen Zeit. Seine „soziale Funktion" ist, zu zeigen, daß die menschlichen Entscheidungen nur äußerlich, nicht aber im Wesentlichen abhängig sind von technischen und soziologischen Entwicklungen, daß sie zu allen Zeiten und unter allen Verhältnissen dieselben sind. Was aber allein Hoffnung auf eine bessere Welt zu geben vermag, ist das Wissen um das einzig Notwendige, die Liebe, Liebe zum Menschen und zu den Menschen. Als „Unsere kleine Stadt" zuerst über die Bühnen ging, sprach man von stilistischen Experimenten. Manche Kritiker glaubten, daß auch dieser neue dramatische Stil das Bild einer Welt sei, die aus den Fugen geraten war. Die andauernde Lebenskraft des Stückes beweist aber deutlich, daß Form und Inhalt hier als eine Einheit erlebt werden, daß dieser Stil organisch den dichterischen Intentionen entspricht, ja, daß er vom Inhalt des Stückes her notwendig, der einzig mögliche ist. Er ist die Form, die unserem Lebensgefühl entgegenkommt, seine existentielle Sicht ergibt das Dramatische, das Leben selbst ist das Drama. Margret Dietrich fast zusammen: „Das Drama als Schauspieltheater der scheinbaren Improvisation kommt ganz offenbar dem Bedürfnis der Gegenwart entgegen, das große Gesten, den Eindruck, durchgefeilter Kunst vermeiden will."[2]

---

2) Vgl. Margret Dietrich. Das moderne Drama. Stuttgart 1961

1.3 Die zentrale Rolle des Spielleiters

Das Stück beginnt mit dem Auftritt des Spielleiters, der Titel und Verfasser nennt und die Darsteller mit ihren bürgerlichen Namen vorstellt, weiter das Datum des Spielers angibt und dann eine Art von Lokalkunde des Schauplatzes, der kleinen Stadt Crover's Corners, in der sich das Geschehen abspielen wird, anschließt. Von seinem gegenwärtigen Standpunkt aus macht er auch Ausführungen über künftige Dinge: ,,Das erste Automobil wird ungefähr in fünf Jahren hier auftauchen — gehört dem Bankier Cartwright, unserem reichsten Mitbürger — wohnt jetzt in dem großen weißen Haus auf dem Hügel." Peter Szondi hat klargestellt, daß die Zeit als Problem erst in jener nachklassischen Epoche aktuell wird, die man die bürgerliche nennt.[3] Auch klassische Dichter sahen sich vor Stoffen, die wegen ihrer zeitlichen Ausdehnung für das Drama ungeeignet erschienen. Sie retteten diese Stoffe für das Drama, indem sie sie auf ihre jeweilige Endphase konzentrierten. In ,,Maria Stuart" ging es Schiller nicht darum, das Leben der schottischen Königin rückblendend zu erzählen," geschweige denn, daß es ihm als Beispiel erschien für die thematisch gewordene Vergangenheit eines Menschen. Sondern in diesem letzten Kapitel ist noch der ganze Kampf zwischen Maria und Elisabeth gegenwärtig, ja allererst auszufechten; und es heißt Schiller durch Sophokles verstehen, wenn man meint, beim Aufgehen des Vorhangs sei schon alles entschieden und das Todesurteil im Grunde bereits unterzeichnet." Der gleiche Weg wird auch in der ,,Wallenstein-Trilogie" beschritten, in der die historisch — politischen Entscheidungen, die den entscheidenden menschlichen Konflikt hervorrufen, bereits gefallen sind, bevor sich der Vorhang zum erstenmal hebt. Und

---

[3] Vgl. Peter Szondi, Theorie des modernen Dramas. Frankfurt a. M. 1963, auf dessen Erhellungen wir uns hier maßgeblich stützen.

auch „Die Jungfrau von Orléans", in der die Ereignisse biographisch von der Berufung bis zum Tode der Heldin nach Höhepunkten geordnet sind, macht nur scheinbar eine Ausnahme. Es geht darin nicht um die geschichtlichen Ereignisse, die im Interesse der „Idee" willkürlich abgewandelt sind, sondern um das ethischmenschliche Problem der mit der göttlichen Berufung verbundenen Verpflichtung, der irdischen Liebe zu entsagen, und dieses Problem ist von Anfang an gegenwärtig.

In Wilders „Unsere kleine Stadt" ist das Leben der auftretenden Gestalten nicht von Konflikt und Entscheidung bestimmt. Deshalb macht der Dichter auch nicht den Versuch, es zu einer dramatischen Einheit, also zum einmaligen Geschehen zu gestalten. Er befreit die Handlung von der dramatischen Aufgabe, die Form aus einer inneren Gegensätzlichkeit zu bilden. Er schafft sich eine neue Form, in deren Angelpunkt der sachlich beobachtende, alles im voraus wissende und aus seinem überlegenen Wissen kommentierende Spielleiter steht. An die Stelle der fortlaufenden und in sich geschlossenen Handlung tritt dabei die szenische Erzählung, die jederzeit unterbrochen und erläutert werden kann. Die einzelnen Szenen und ihre Anordnung bestimmt der Spielleiter. Er ruft die einzelnen Darsteller auf, unterbricht sie von Zeit zu Zeit, um einen Kommentar anzufügen oder zeitliche Sprünge in der Handlung durch Erklärungen zu überbrücken, er zieht auch Gestalten außerhalb des Spieles zu wie den Professor Willard von der staatlichen Universität, der Nachrichten über Grover's Corners „sozusagen in Form eines wissenschaftlichen Referates" in kurzen Zügen geben soll und nach Gelehrtenmanier weit ausholt und um Beschränkung auf das Wichtigste gebeten wird. Der Spielleiter leitet eine Diskussion über die kleine Stadt mit Gestalten aus dem Publikum und führt in die folgende Szene der Handlung ein. Personen des Spiels werden vom Spielleiter unabhängig von ihrer Aufgabe im dramatischen Geschehen um Erläuterungen gebeten wie Mr. Webb, dessen Auftritt von Mrs. Webb angekündigt wird. Der Spielleiter übernimmt — der Einfachheit halber — selbst die Rolle bei der Trauung im zweiten Akt. Er unterhält sich mit den Schauspielern, wird von ihnen nach seiner Meinung befragt und fügt sich ihren Wünschen.

Man hat seine Rolle mit der eines Puppenführers beim Marionettentheater verglichen. Aber dieser Vergleich ist sehr unvollkommen. Die Einzelszenen sind durchaus realistisch, echt im Zeitkolorit, Milieu und in der Sprache. Nichts von der Freiheit des Puppentheaters haftet ihnen an. Aber sie bedingen einander nicht, sie gehen nicht zwangsläufig auseinander hervor. Sie werden vom Spielleiter, dem Erzähler, dem epischen Ich ausgewählt, zusammengestellt und zur Ganzheit verbunden. Er berichtet über alles, was zur Exposition des Dramas gezählt werden müßte. Seine verbindenden und kommentierenden Worte geben dem Ganzen den Charakter der Repräsentation, der soweit geht, daß er erzählt, worin die szenische Darstellung nicht ausreicht oder von ihm unterbrochen wird.

Der Spielleiter hat aber nicht nur die Aufgabe, das Ganze als Form zusammenzuhalten. Während die Einzelszene genau an die Verhältnisse des jeweiligen Termins, den der Spielleiter bekannt gibt, gebunden bleibt und damit stilistisch nicht über den Naturalismus hinausreicht, gibt er die eigentliche Thematik des Stückes. Es ist der fortschreitende Verfall der zwischenmenschlichen Beziehungen. Das Drama vor Wilder war gezwungen, solche Probleme in die Dialoge zu übernehmen. Damit zog ein dem Drama fremdes Element ein: objektive Aussagen über soziale Verhältnisse und ihre Entwicklungen, programmatische Darlegungen über politisch-wirtschaftliche Fragen und ihre Auswirkungen im Leben des Einzelmenschen und der Gesellschaft. In „Unsere kleine Stadt" sind alle diese undramatischen Themen von der Handlung, vom Dialog ferngehalten. Die Darstellung sozialer, ethischer oder wirtschaftlicher Problematik ist nicht mehr in das Zwiegespräch der handelnden Gestalten einbezogen, sie wird vom Spielleiter übernommen, der über sie vom Standpunkt der historischen Erfahrung seiner Zeit aus spricht. Er schafft den epischen innerthematischen Abstand der einzelnen Gestalten zu ihrer eigenen Vergangenheit und zu den sozialen, technischen und politischen Bedingungen ihres Lebens, indem er sie aus dem Überblick des nach ihnen geborenen und ihr Leben überschauenden, objektiven und kritischen Beobachters interpretiert. Er überbrückt auch die zeitlichen Abstände der weit auseinander liegenden drei Akte. Um ein verwandtes Beispiel zu finden, muß man schon zu Shakespeare zurückgehen, der am Ende des dritten Aktes seines „Wintermärchens" die personifizierte Zeit als Chorus auftreten läßt, der den Abstand von sechzehn Jahren zu den beiden folgenden Akten ankündigt und gleichzeitig die in dieser Zeit zu Erwachsenen herangereiften Kinder der Hauptgestalten, die selbst ihren anfangs so bösen Sinn wandelten, was nicht dargestellt, sondern kurz berichtet wird, vorstellt. Am Ende des „Sommernachtstraums" spricht Puck ein Nachwort, in dem er das Publikum auffordert, das Geschehen als Traum, als „Eures eignen Hirnes Dichten" anzunehmen. Noch mehr an die Gestalt des Spielleiters bei Wilder erinnert der Prolog zum Rüpelspiel im „Sommernachtstraum", der von Peter Squenz, der für das Theater der Handwerker verantwortlich ist, gesprochen wird und dessen Funktion ist, das Spiel der Dilettanten gegen das der Komödianten, der beruflichen Schauspieler, abzugrenzen. Squenz ist hier der Spielleiter. Aber eine Parallele zu Wilders Spielleiter könnte nur allgemein dramaturgisch gezogen werden. Bei Wilder geht seine Funktion weiter. In ironisch-präziser Wissenschaftlichkeit klärt er das Publikum darüber auf, vor welchem Hintergrund sich das Leben der zwei Familien abspielen wird. Bis dahin gleicht seine Funktion der des Squenz im „Sommernachtstraum", aber sie geht weiter. Er macht dieses Leben transparent für das Leben der ganzen Stadt und für das menschliche Leben allgemein und zu jeder Zeit, weil er nicht mehr der Zeit der vorgeführten Ereignisse angehört, sondern einer jüngeren Zeit, der das Dargestellte ein Stück überschaubarer Vergangenheit ist. Nur im Bericht des Spielleiters tritt das Objektive auf. Die Szene bleibt für das an sich fragwürdig gewordene zwischenmenschliche Geschehen, dessen Hintergründe und Entwicklungsmöglichkeiten erst der Spielleiter aufdeckt. So folgert Szondi: ,,Dank dieser epischen Gestaltung des Zuständlichen erreicht der Dialog in ,,Our Town" eine Transparenz und Reinheit, die er seit der Klassik nur im lyrischen Drama besitzt. Wilders episches Theater erweist sich so nicht bloß als Absage an das Drama, sondern zugleich als Versuch, dessen eigentlichen Gehalt, der Dialogie, in epischem Rahmen eine neue Stätte zu bereiten." Das heißt: Wilder schuf eine neue Form des Dramas, die epische und dramatische Inhalte in einem einheitlichen Ganzen zusammenfaßt. Die Klammer ist die Gestalt des Spielleiters.

Mit einem englischsprachigen Zitat fassen wir das zur Rolle des ,,stage manager" bisher Ausgeführte komprimiert zusammen:[*]

Stage Manager: The Stage Manager is a man of many roles, but his tone and attitude in whatever role he is playing is about the same. He is informal, colloquial, and a homey philosopher. Although he alludes to some of the great philosophical and theological theories about mankind, his only answers to the problems and enigmas of life are age-old adages and clichés. He seems to feel that some answer is better than none, and he always chooses an answer which seems practical and at least makes sense within the framework of the experience of Grover's Corners. His philosophy of daily life is that the little events are the most important; his philosophy of love and marriage is traditional; his philosophy of death is

---

[*] vgl. Francis R. Gemme, Thornton Wilder's ,,Our Town" and Other Works, S. 34

unique and is really a philosophy of life since the dead pity the living who cannot fully appreciate life.

While he occasionally arranges props and directs the other players, his main role is that of narrator. He keeps the play moving by capsule summations and subtle hints about the future. This casualness is evident since he smokes a pipe, wears a hat, moves about the stage freely, greets and dismisses the audience at the beginning and end of each act, leans informally against the proscenium pillar, and enters and leaves the dialogue at will. As the moderator between the autience and the actors, he cuts short Professor Willard's remarks before they become overbearing yet he allows the proficient Mr. Webb to take as much time as he likes in answering questions. The Stage Manager also relates biographical, anecdotal, geographical and historical details about the charakters as they enter and leave the action. His own philosophy occurs in his five major monologues, but he comments on a particular subject or incident almost anytime he wants to. For example, in Act I, after he relates the fact that Joe Crowell, Jr. went to college, did well and then died in World War I, he adds that all that education was for nothing. Or at the beginning of his role as minister in Act II, he explains he has assumed it because he's interested in the quality of mankind. In the Act III, he winds his watch symoblically as the play closes.

2. UNSERE KLEINE STADT

(Erstaufführung am 22. Januar 1938)

— ,,Leb wohl, Kind der Musen..."

In einem hungernden, zerstörten und gespaltenen Deutschland wurden die Menschen in ungeheizten und durchweg behelfsmäßigen Theatern oder Sälen von Thornton Wilders Dramen ergriffen.[4] Es war ein Publikum, das in schweren und bedrohlichen Schicksalsentscheidungen gelernt hatte, der Macht des Wortes, auch des dichterischen, zu mißtrauen, dem überlieferte echte und scheinbare, manchmal auch nur vorgegebene Ideale fragwürdig geworden waren. Was geblieben war, war die bloße Existenz, eine stetig gefährdete, unsichere und in allen Grundlagen gefährdete Existenz. In dieser Zeit verkündete ein Dichter aus Amerika, aus einem Lande der Sieger, die Botschaft vom schlichten und ganz einfachen Leben, von einem Leben jenseits der großen und schicksalhaften Fragen, wie es die zweifelnden und zutiefst erschöpften Menschen ersehnten. Er bot kein romantisches Idyll von gestern oder vorgestern, sondern ein Spiel vom kleinen Glück und Leid des alltäglichen Lebens, in dem die Menschen ihre eigentliche Existenz wiederfanden und zu jeder Zeit, mag sie voller großer Entscheidungen oder alltäglicher Gewohnheiten sein, wiederfinden werden.
In einem seiner Dreiminutenstücke hatte Wilder etwas wie ein Programm zu ,,Unsere kleine Stadt" gegeben: ,,Farewell, child of the muses, playfellow in the bird-haunted groves. The life of man awaits you, the light laughter and the misery in the same day, in

---

[4] Vgl. Hans Daiber, Deutsches Theater seit 1945, Stuttgart 1976, besonders auf den Seiten 7-10, 32-41.

the selfsame hour the trivial and the divine. You are to give it a voice. Among the bewildered and stammering thousands you are to give it a voice and to mark its misery", ,,Leb wohl, Kind der Musen, Spielgefährte in den von Vögeln durchschwirrten Hainen. Das Menschenleben erwartet dich, das befreiende Lachen und das Leid am gleichen Tag, in der gleichen Stunde das Alltägliche und das Göttliche. Du sollst ihm eine Stimme geben. Unter den irrenden und stammelnden Tausenden sollst du ihm eine Stimme geben und seine Leiden aufzeigen." In ,,Unsere kleine Stadt" ist nichts von der Unsicherheit, der Gespaltenheit und Verzweiflung der Menschen jener und unserer Gegenwart. Das Stück erschütterte gleich nach dem zweiten Weltkrieg das Publikum, das nach erschreckenden Erlebnissen hier eine friedliche Welt ohne Erschütterungen vor sich sah. Aber damit war seine Wirkung keineswegs erschöpft und am Ende. Es spricht auch heute, da die Folgen des Krieges — scheinbar wenigstens — überwunden sind, unmittelbar ein Publikum an. Es behandelt eben mehr als nur das kleine Glück geborgener und noch problemloser Kleinstadtbürgerlichkeit. Wohl geht es um das Glück und Leid der kleinen Alltäglichkeiten, es gibt keine Helden oder Lebensprobleme in diesem Stück. Aber es gibt Lebenssituationen, die immer wieder zu allen Zeiten gleich sind, und die uns nur aus der Distanz des mitfühlenden Zuschauers unwesentlich erscheinen, nicht aber, wenn wir selbst mitten in ihnen stehen.

,,Unsere kleine Stadt" handelt vom täglichen Leben in zwei Generationen der Familien Gibbs und Webbs in einer unbedeutenden Stadt in New Hampshire nahe der Grenze von Massachusetts. Die Menschen und ihre Schicksale sind durchschnittlich, kleinstädtisch. Sie leben und sterben wie viele andere in ihrer Umwelt, weder im Guten noch im Bösen zeichnen sie sich irgendwie aus. Aber in ihnen ist verwirklicht, was alle suchen und ersehnen. Die Daten werden genau festgelegt, der erste Akt spielt am 7. Mai 1903, die beiden folgenden Akte sind auf ihn bezogen. Es gibt noch keine Autos und Kühlschränke, keine Fernseh- und Küchengeräte. Aber das macht keinen Unterschied zu unserem Leben, zu unserem Alltag, sobald es um Fragen des Menschentums geht. Wilders Bürger der kleinen Stadt lassen uns erkennen, wie äußerlich alles ist, was uns Gegenwärtige von ihnen unterscheidet. Wir leben anders als jene Webbs und Gibbs, unsere Lebens- und Arbeitsbedingungen haben sich gewandelt. Aber dennoch sind uns jene Menschen gleich, weil sie sind wie wir, und wo sie uns anders erscheinen, möchten wir werden wie sie. Ihre Welt stimmt mit ihnen überein. Sie gehören noch sich selbst, sie sind ihrer Umwelt weder hörig noch gar an sie verloren. Es gibt für sie keinen Grund, sich gegen die Umwelt aufzulehnen. Zwar tritt am Rande eine tragische Figur auf, der Organist Stimson, der an der Enge der Umwelt scheitert, dem Trunk verfällt und durch Selbstmord endet. Man will sein Ende vertuschen, was nur unvollkommen gelingt. Aber sein Versagen und Tod stören die Ordnung des Ganzen nicht, hinter der Wilder immer die universale, die kosmische Ordnung ahnen und zum Schluß auch aussprechen läßt. Diese geordnete Welt wird noch als Einheit erlebt. Das Leben der Menschen des Stückes ist nicht etwa leichter, nicht bequemer als unser Leben. Es enthält ebenso viele wenn nicht mehr Unsicherheitsfaktoren. Wilders Menschen machen sich Sorgen, die vom Ende her gesehen, unnötig sind. Sie machen sich Hoffnung, die das Ende der Illusionen erweist. Ihr Leben bringt Härten und Enttäuschungen mit sich. Sie alle aber ordnen sich ein in das große Gleichmaß des Seins, in dem das Einzelschicksal wie ein einzelner Akkord in der ewigen und endlosen Melodie von Vergangenheit und Zukunft ist. Die Gegenwart, die uns bewußt wird, ist entweder schon Vergangenheit oder bereits Zukunft. Aber alles fügt sich ein in das harmonische Verhältnis der Menschen zu ihrer Umwelt.

Wenn wir aber das alltägliche und kleine Leben und Sterben der Bürger von Grover's Corner anschauen und das natürliche Verhältnis, das sie zu ihrem eigenen Dasein und zueinander haben, erkennen, wird in uns die Sehnsucht geweckt nach einer neuen Ordnung in uns selbst und nach einem neuen Bewußtsein unserer Einheit mit der großen Harmonie des Alls. Das galt in jenen Jahren nach dem Kriege, in denen schwerste Erschütterungen zu verarbeiten waren, in denen alles fragwürdig geworden war außer der bloßen Existenz. Es gilt aber genau so für uns Gegenwärtige, deren äußere Lebensbedingungen wider alle damalige Erwartung so grundlegend anders geworden sind. Und wir erkennen erstaunt, daß die äußeren Lebensumstände überbewertet werden, daß nicht der Kampf um sie, sondern der Einklang mit sich selbst und der Umwelt den wahren Sinn des Lebens ausmacht. Wilders Menschen handeln nicht aus Vernunft und Einsicht. Sie planen, handeln, hoffen und irren, wie Menschen es früher taten, heute tun und in Zukunft tun werden. Ihre Sorgen um das eigene Fortkommen, um bessere Lebensverhältnisse und die Ordnung des eigenen Seins und um das Fortkommen, die Zukunft ihrer Kinder waren und sind die gleichen, die Menschen je bewegten, bewegen und bewegen werden. Hoffnungen, schöne Illusionen, Gefühle und Leidenschaften bestimmen ihr Tun und Lassen. Es sind keine großen und weltbewegenden Empfindungen, keine umwälzenden Leidenschaften, keine geschichtlichen Ereignisse, keine Entscheidungen für die Menschheit, sondern alltägliche und allgemein menschliche. Auch das Geschichtliche wird in die Einheit, in die Lebensordnung der Menschen hineingenommen. Mr. Gibbs macht alle zwei Jahre mit seiner Frau eine Reise zu den Schlachtfeldern des Bürgerkrieges, die ihm formender Bestandteil seines Weltbildes, seiner Lebensordnung geworden sind. Alle anderen Probleme aber sind auf das Einfachste reduziert, wie Mr. Webb, der Verleger und Redakteur des Lokalblättchens erläutert: ,,Wie alle anderen suchen auch wir nach einer Lösung, damit die Fleißigen und Vernünftigen nach oben kommen und die Faulen und Unvernünftigen unten bleiben. Aber es ist nicht einfach." Wilder nimmt auch das Sterben mit in das Leben der kleinen Stadt hinein. Die bestehende Ordnung wird erst dem unbeteiligten Zuschauer sichtbar. Erst wer auf das Leben zurückblickt, vermag es ganz zu erkennen und seinen Sinn zu erahnen. Der ganze Sinn des Lebens aber geht den Lebenden niemals auf, er erschließt sich erst, wenn es zu Ende und ganz überschaubar ist.

2.1 Sachliche und sprachliche Erläuterungen

Albany: Hauptstadt des Staates New York.
Antietam: Kleines Dorf bei Sharpsbury im Staate Maryland. Dort besiegten am 16.—17. September 1862 die Unionstruppen unter Mellallan die Konföderierten unter Lee.
Boston: größte Stadt im neuenglischen Staate Massachusetts.
Buffalo: Grenzstadt gegen Kanada am Ausfluß des Niagara in den Erie-See im Staate New York.
Brachykephalisch: Kurz- oder rundköpfig.
Circulus vitiosus: Ein fehlerhafter, ein Zirkel- oder Trugschluß, bei dem a aus b und b wieder aus a bewiesen wird.
Concord: Hauptstadt des Staates New Hampshire.
Gettysburg: Kleinstadt in Pennsylvanien. Dort wurde vom 1. bis 3. Juli 1863 die Armee der konföderierten Staaten vom Heer der Union besiegt und zum Rückzug gezwungen. Die Schlacht von Gettysburg gilt als Wendepunkt im amerikanischen Bürgerkrieg. Seit 1895 ist der Friedhof von Gettysburg militärischer Nationalpark.
Lindbergh-Flug: Charles Lindbergh (geb. 1902) überflog vom 20. bis 21. Mai 1927 als erster den Atlantischen Ozean.

Louisiana-Kauf: 1803 verkaufte Napoleon den ehemals spanischen Anteil am unteren Stromgebiet des Missisippi an die Vereinigten Staaten. Louisiana hieß ursprünglich das ganze Stromgebiet des Missisippi. 1812 wurde der südlichste Teil als 18. Staat in die Union aufgenommen.
Maine: Neuenglischer Staat im Nordosten der USA.
Monroe-Doctrine: In der vom Staatssekretär J.Q. Adams formulierten Jahreserklärung vom 7. Dezember 1823 erklärte der Präsident der USA James Monroe (1758—1831, 1817—1825 Präsident), daß die Erwerbung von Kolonien auf dem amerikanischen Kontinent durch europäische Mächte oder deren Einmischung in die inneren Angelegenheiten eines amerikanischen Staates den Interessen der Vereinigten Staaten zuwiderlaufe. Seit 1853 wurde diese Erklärung Monroe-Doctrine genannt. Sie setzte sich in der Ansicht von der Solidarität aller amerikanischen Staaten (Panamerikanische Kongresse) fort.
Pincenez: Kneifer.
Quart: Englisch-amerikanisches Hohlmaß = 1,137 Liter.
Vermont: Einer der Neuenglandstaaten.
Versailler Vertrag: Gemeint ist hier der am 3. September 1873 zu Versailles abgeschlossene Friedensvertrag mit Großbritannien, der den zur Union zusammengeschlossenen 13 ehemaligen amerikanischen Kolonien die Unabhängigkeit sicherte und ihnen das 1763 von Frankreich an England abgetretene Hinterland bis zum Missisippi überließ.
Whistlers „Mutter": Gemälde des amerikanischen Malers James Mac Neill Whistler (1834—1903), das bis tief in unser Jahrhundert sehr populär war. Das Original befindet sich im Louvre zu Paris.
White Mountains: Bergketten im Staate New Hampshire, im Mount Washington 1918 m hoch.

Woodlawn: Friedhof in New York (im Stadtteil Woodhaven). Berühmt ist auch der Friedhof im New Yorker Bezirk Brooklyn.

2.2 Das Bühnengeschehen

Wilder nennt den ersten Akt seines Stückes ,,Das tägliche Leben" und den zweiten ,,Liebe und Hochzeit". Den dritten Akt hat er nicht bezeichnet. Er ist ungewöhnlich, da er nach dem Tode der Auftretenden spielt. Der Vorschlag, ihn ,,Den Tod und das Sein nach dem Tode" zu nennen, aber trifft nicht genau den Inhalt, er besagt nicht, was ,,geschieht". Auch dieser dritte Akt handelt wie die beiden ersten vom Leben der kleinen Stadt. Nur gibt er es von einem anderen Standpunkt aus als diese. Was vorher nur dem Spielleiter möglich war, ist den Toten möglich. Sie erleben nicht nur, sie schauen sich selbst ständig zu. Ihr Blick ist gereift für das Wesentliche. Wohl erleben sie noch die Leidenschaften, Freuden und Leiden ihres Alltags, aber sie fragen nach Sinn und Wert.
Die epische Form des Ganzen ermöglicht auch das Ineinanderschichten der Zeiten. Der erste Akt spielt am 7. Mai 1901. Er beginnt nach dem Willen des Spielleiters kurz vor Tagesanbruch und endet kurz nach 9,30 Uhr abends. Aber er wird nicht nur in den Kommentaren des Spielleiters zum Spiegel des menschlichen Lebens allgemein. Der Zuschauer wird noch am Ende des Aktes daran erinnert, als Rebekka Gibbs ihrem Bruder von der seltsamen Aufschrift des Briefes erzählt, den die kranke Jane Crofut von ihrem Pfarrer erhielt. Darauf stand: ,,Jane Crofut, Crofut-Farm, Crover's Corners, Sutten Country, New Hampshire, Vereinigte Staaten von Amerika, Nordamerikanischer Kontinent, Westliche Halbkugel, Erde, Sonnensystem, Weltall." Durch einen ironischen dramaturgischen Kunstgriff wird damit das Geschehen verallgemeinert. Vor dem Unendlichen sind die Menschen in Grover's Corners

nur wie ein unfaßbar winziges Stäubchen im All von Raum und Zeit. Damit schrumpfen auch die Unterschiede zwischen den Menschen fast auf ein Nichts zusammen. Dennoch sind sie da, sie leben ihren Alltag und ihr Schicksal. Der Sinn ihres Lebens und sein Wert sind unabhängig von Zeit und Ort. Über allem Zufälligen der jeweiligen historischen, politischen und sozialen Lebensbedingungen steht das eigentlich Menschliche. Was auf der Bühne dargestellt wird, gewinnt aus diesem universal humanen Gesichtswinkel seinen Repräsentativcharakter und seinen Sinn. Die kleine Stadt ist ein Irgendwo im unendlichen Raum und in der Zeit, das Symbol des Überall, des typisch Menschlichen.

Der erste Akt

Ungewöhnlich an diesem ersten Akt ist, daß nichts Außergewöhnliches oder gar Aufregendes geschieht. Er behandelt das alltägliche Leben der kleinen Stadt Crover's Corners am Beispiel zweier Familien, der des Arztes Dr. Gibbs und der des Verlegers und Redakteurs des Lokalblättchens Webbs. Sie leben eng nachbarlich, jeder weiß alles vom anderen, so wie in der kleinen Stadt überhaupt jeder alles über jeden weiß, auch wenn man das nicht in den dem Durchschnitt angepaßten Rahmen Gehörige zu vertuschen sucht. Das ist bei dem ungewöhnlichen Organisten Stimson der Fall, dessen Auftreten andeutet, daß es auch noch Leben außerhalb des kleinstädtischen Gleichschrittes gibt. Damit befaßt sich aber nur der Klatsch. Beide Familien haben zwei Kinder, je einen Sohn und eine Tochter von ungefähr gleichem Alter. Die Eltern haben ihre Sorgen um die Zukunft der Kinder, die wiederum ihre Sorgen mit der Schule haben wie Millionen heranwachsender Kinder in der ganzen Welt. Wirklich besorgniserregend ist daran nichts, das Höchste ist die schwierig zu lösende Mathematikarbeit, das schwierige Thema für einen Schulvortrag und natürlich das so dringend benötigte Taschengeld. Dr. Gibbs erhöht es seinem älter gewordenen Sohn, nicht ohne geschickt diese Maßnahme dazu auszunutzen, eine erzieherische Einwirkung damit zu verbinden, den Sohn zu Fairness und Hilfsbereitschaft gegenüber der vielgeplagten Mutter anzuleiten. Was die Eltern und Kinder sonst untereinander besprechen, welche Worte sie mit denen, die täglich gewohnheitsmäßig ihren Weg kreuzen wie der Zeitungsjunge und der Milchmann, wechseln, alles das ist alltäglich und wiederholt sich jeden Tag vieltausendfach auf der weiten Welt. Das Stück beginnt nach einer Äußerung des Spielleiters, der von Anfang bis Ende mit brennender Pfeife im Munde auf der Bühne bleibt und dem Spiel zuschaut, wenn er nicht selbst beschäftigt ist, kurz vor Tagesanbruch. Aber es vergeht noch einige Zeit, bis er die erste Person des Spiels ankündigt, Dr. Gibbs, der eben zur Nachtzeit seinen ärztlichen Berufspflichten nachging, was bei ihm leider zur Gewohnheit geworden ist. Während Frau Gibbs in der Küche ihre regelmäßige Morgenarbeit beginnt, das Feuer anzündet und das Frühstück bereitet, gibt der Spielleiter noch einige Erklärungen über die beiden Gibbs und hebt vor allem hervor, daß Dr. Gibbs 1930 und seine Frau einige Jahre vor ihm gestorben ist. Erst dann beginnt der Dialog und zwar zunächst vom Rande des Kleinstadtbildes her. Dr. Gibbs wechselt ein paar Worte mit dem Zeitungsjungen, in welche die ärztliche Berufsroutine hineingerät, dann spricht seine Frau mit dem Milchmann, der ihr den Gatten ankündigt. Als das imaginäre Pferd des Milchwagens in Gang gesetzt ist, beginnt die erste häusliche Szene bei den Gibbsens. Dr. Gibbs ist wie so oft wieder übermüdet von der beruflichen Beanspruchung in der Nacht. Seine Frau möchte, daß er einmal Ferien macht, wozu ihm die Zeit fehlt. Gedanken an die Erziehung der Kinder überschatten aber gleich das Interesse der Eltern an sich selbst. Das Frühstück ist fertig, die Kinder haben natürlich zu lange geschla-

fen, und die Tochter weiß nicht, was sie anziehen soll, außerdem wirft der ungebärdige Bruder George mit Seife nach ihr, so daß die Mutter mit dem Versprechen, beiden gerechterweise eine Ohrfeige zu verabreichen, wenn sie nicht friedfertig sind, Ruhe stiften muß. Die mögliche Monotonie des Dialogs wird von außen her durch eine Fabriksirene unterbrochen, die der Spielleiter als die der Bettdecken-Fabrik der Cartwrights erklärt, wobei er nicht vergißt, hinzuzufügen, daß sie der Familie ein Vermögen eingebracht hat. Dann geht der Dialog in der Familie weiter. Die Kinder haben zum Ärger der Mutter wieder zu wenig Zeit für das Frühstück. Überdies sind sie durch die Gedanken an die bevorstehende Schule und durch kindliche Träume von ihrem künftigen Leben abgelenkt. Die Mutter verläßt sie mit den gleichen Ermahnungen, die Millionen Mütter ihren Kindern auf den Schulweg mitgeben, zur Schule.
Nun hat sie Zeit, sich im Garten den natürlich ebenfalls imaginären Hühnern zu widmen. Frau Webbs, die Nachbarin, kommt in ihren Garten, um dort Bohnen zum Einmachen zu putzen. Das ergibt Gelegenheit zu einem zwanglosen Schwätzchen. Frau Gibbs hat eine Neuigkeit, die sie unbedingt loswerden muß. Bei ihr war der Trödler aus Boston und bot ihr 350 Dollar für das alte Büfett der Großmutter. Sie weiß nicht, ob sie darauf eingehen soll. So viel Geld gäbe die willkommene Gelegenheit, ihren lebenslangen Traum zu verwirklichen und einmal nach Frankreich, nach Paris zu reisen, sich einmal aus allen Gewohnheiten ihres Alltags zu lösen. Aber sie weiß, daß ihr Plan bei ihrem Mann keine Gegenliebe finden wird. Ihm gefällt es gut in Crover's Corners. Wenn sie einmal in Europa herumbummeln, wird ihnen ihre Stadt vielleicht nicht mehr gefallen. Ihm genügt es, wenn er alle zwei Jahre mit seiner Frau die Schlachtfelder des Bürgerkriegs besucht. Das gibt Anlaß, über die Liebhabereien der Männer zu sprechen. Bei Dr. Gibbs ist es der Bürgerkrieg, bei Redakteur Webbs Napoleon. Das Gespräch der beiden Frauen könnte so noch lange weitergehen. Der Spiellei-

ter unterbricht es, bedankt sich bei den Darstellerinnen und überspringt ein paar Stunden. Dazu bittet er erst Professor Willard und dann Redateur Webbs um nähere Erläuterungen über die Stadt und fordert das Publikum — im Zuschauerraum verteilte Schauspielerinnen und Schauspieler — auf, Fragen zu stellen, was auch ausgiebig geschieht.

Die nächste Spielszene beginnt gegen zwei Uhr nachmittags. Dr. Gibbs ist in seinem Sprechzimmer und Webbs mäht seinen Rasen. Emily Webbs, die sich schon ganz als angehende Dame fühlt, kommt aus der Schule. Dr. Gibbs Sohn Georg geht vorbei, spielt mit dem Ball und behindert dabei eine Dame, deren kurze Rolle der Spielleiter improvisiert. Dann unterhalten sich Emily und George über die Schule, die dem Mädchen offenbar mehr Freude macht als dem Jungen. Fern jeder falschen Bescheidenheit sonnt sich Emily im Glanz ihrer Klugheit, während George zugibt, daß er lieber Farmer werden möchte, wofür alle Voraussetzungen gegeben sind, weil er, sobald er alt genug ist, auf Onkel Lukas' Farm arbeiten kann mit der Aussicht, sie einmal zu übernehmen. Frau Webbs unterbricht das Geplauder der Kinder und fordert Emily auf, mit ihr Bohnen zu putzen. Mutter und Tochter unterhalten sich über George, über die Schule und den guten Vortrag, den Emily dort gehalten hat. Dann aber stellt die Tochter der Mutter die unbequeme und doch so vertrauensvolle Frage, ob sie gut aussehe. Die Mutter antwortet bedingt bejahend, weicht aber der klaren Antwort aus, bis Emily klagt, daß sie an der Mutter keine Hilfe findet. An dieser Stelle unterbricht der Spielleiter erneut. Er plaudert jetzt ausführlich über die Bank, die von den Cartwrights in der Stadt gebaut wird. In den Grundstein werden sie die Bibel, die Verfassung der Vereinigten Staaten und eine Ausgabe von Shakespeares Werken einmauern. Außerdem aber kommt auch ein Exemplar der „New York Times" und der Zeitung des Herrn Webbs hinein. Ironisch führt der Spielleiter aus, daß so den Menschen in tausend und mehr Jahren „ein paar simple Wahrheiten" bekannt werden, daß es ihnen nicht ergehen wird wie uns, die wir über Babylonier, Griechen und Römer mühsam aus verstreuten Quellen Stück für Stück der Kenntnis ihres Lebens zusammenklauben müssen. In tausend Jahren noch wird das Blättchen des Herrn Webbs davon zeugen, wie die Menschen zu Beginn des 20. Jahrhunderts lebten, „wie wir aufwuchsen und heirateten und lebten und starben."

Ein Chor, der zu singen beginnt, führt nach Grover's Corners zurück. Die Chorprobe hat begonnen, die von Simon Stimson geleitet wird. Durch einige einfache Requisiten werden auf der Spielfläche die beiden Stockwerke der beiden Häuser angedeutet. In den oberen sitzen die Kinder und machen Schularbeiten, die George erst mit Emilys heimlicher Hilfe gelingen. Sein Vater ruft ihn zu sich, um sich mit ihm über seine Zukunftspläne zu unterhalten und ihm beizubringen, daß er die Mutter besser in ihrer Arbeit unterstützen muß. Die Frauen kommen heim von der Chorprobe und machen noch ein Schwätzchen auf der Straße. Es gab etwas Aufregendes. Der Chorleiter und Kirchenorganist Stimson war wieder betrunken. Er hat eben viel durchgemacht. Der Pfarrer tut so, als ob er nichts bemerke. Es ist deshalb besser, seinem Beispiel zu folgen und nicht darüber zu sprechen, woran sich die Damen allerdings nicht halten. Die häuslichen Sorgen treiben die Mütter dann eilig nach Hause. Dr. Gibbs und seine Frau nutzen den schönen Abend noch für einen kurzen Spaziergang durch ihren Garten, auf dem Frau Gibbs ihrem Mann ausführlich von dem Skandal um Stimson berichtet, um die Nutzanwendung zu ziehen, daß es da nur eins zu tun gibt: sich nicht darum zu kümmern. Am Fenster des oberen Stockwerkes aber stehen die Kinder und träumen in die Nacht hinaus. Der Spielleiter kündigt den Auftritt des Polizisten Warren an, der auf seinem nächtlichen Wege Herrn Webbs begegnet, der eben seine Zeitung fertiggestellt hat. Simon Stimson schwankt ihnen über den Weg, antwortet aber nicht auf ihre freundliche Anrede. Webbs hört im Stockwerk über sich Emily, die in der schönen Mondnacht nicht sogleich einschlafen kann und läßt sie großherzig über den Duft des Heliotrops aus Frau Gibbs Garten träumen. Im Nachbarhause aber erzählt Rebekka Gibbs ihrem Bruder George von dem seltsamen Brief der kranken Jane Crofut, den der Briefträger trotz der komischen Anschrift zustellte. Der Spielleiter beendet den ersten Akt.

Der zweite Akt

Der zweite Akt spielt am 7. Juli 1904, also drei Jahre später. Sein Thema ist: Liebe und Heirat. George Gibbs und Emily Webbs, die im ersten Akt noch zur Schule gingen, haben ihre Schulzeit beendet und heiraten. Alles ist wie damals, nur regnet es an diesem Tage, nur trägt jetzt der jüngere Bruder des Joe Crowell die Zeitungen aus. Er spricht mit dem Milchmann über das Neueste vom Tage. Im ersten Akt war es die unerwartete Heirat der Lehrerin, im zweiten ist es der Verlust des besten Baseball-Spielers der Stadt. Er ist George Gibbs, der heiratet. Der hinzukommende Polizist erinnert sich, daß ein ähnliches Malheur schon anno vierundachtzig die Stadt betroffen hat. Frau Gibbs braucht an diesem Tage mehr Milch und Sahne als sonst, denn das Haus wird voll von Verwandten sein. Dr. Gibbs kommt zum Frühstück. Der Bräutigam rasiert sich noch, als ob es da viel zu rasieren gebe. Er ist natürlich sehr aufgeregt. Frau Gibbs spricht ihre Sorge um das Paar, das noch so jung ist, offener aus. Beide Eltern fühlen sich unsicher, obwohl ihre eigenen Erinnerungen ihnen sagen, daß es am Ende doch nicht so schlimm kommt, wie man für ein jugendliches Brautpaar befürchten mag. Die Hauptsorge der Frau Gibbs bleibt jedoch bei allem, daß sich niemand bei der Hochzeit eine Erkältung holt. Solch ein festlicher Tag will eben gut bedacht sein. George kommt hinzu, hat aber keine Geduld zu frühstücken. Er muß noch auf einen Sprung ins Nachbarhaus, um seine Braut zu sehen. Das aber verweigert ihm die Schwiegermutter. Am Hochzeitstag darf der Bräutigam die Braut erst in der Kirche sehen. Immerhin darf George dem Schwiegervater beim Frühstück Gesellschaft leisten. Ihm ist der „Aberglaube" unverständlich, der dem Bräutigam den Anblick der Braut vor der Kirche verweigert. Webbs erklärt ihn allerdings realistisch daraus, daß ein Mädchen am Hochzeitstage den Kopf voller anderer Dinge wie Kleider und ähnliches hat. George sähe am liebsten, wenn die Heirat ohne all das feierliche Auf- und Abmarschieren vor sich ginge. Sein Schwiegervater aber belehrt ihn, daß Hochzeiten eine Erfindung der Frauen sind. Wie unzählige Väter erteilt er dem künftigen Schwiegersohn den Rat, von vornherein den Standpunkt des Herrn im Haus zu wahren, gibt indessen zu, daß er selbst das Gegenteil tat und dabei sehr glücklich war. Unerwartet kommt er dabei auf sein Steckenpferd, die Modernisierung der Hühnerzucht durch das Philo-Verfahren, durch Brutapparate. Da wird es Zeit, daß seine Frau dazwischentritt und George nach Hause schickt. Ihr Mann erinnert jetzt seine Frau daran, daß es einen Aberglauben gibt, der noch älter ist als der, daß der Bräutigam die Braut erst in der Kirche sehen darf: „Man darf den Bräutigam am Hochzeitstag nicht mit dem Schwiegervater allein lassen."

Der Spielleiter bedankt sich bei den beiden Darstellern der Eltern Webbs und unterbricht die Szene. Er kündigt an, daß er nun zeigen wird, wie das einmal begann, was jetzt zur Hochzeit führt. Emily und George werden dieselbe Unterhaltung vorführen wie damals, als sie zum erstenmal spürten, daß sie füreinander bestimmt waren. Der Spielleiter bittet die Zuschauer, sich vorzustellen, wie ihnen seinerzeit zumute war, als sie noch jung und verliebt waren: „Sie waren, ganz einfach, ein wenig verrückt. Bitte, vergessen Sie das nicht." Damit beginnt der Spielleiter, die Rolle des Mr. Mor-

gan, des Besitzers des Drugstore, zu improvisieren, er stellt die dazu erforderlichen Requisiten auf. Er hat Zeit dazu, denn der Anfang der Begegnung spielt auf der Straße vor dem Drugstore. George ist zum Präsidenten der Schülerorganisation, Emily zum Sekretär und Schatzmeister gewählt worden. Beide kommen von der Schule und sprechen mit oder verabschieden sich von Mitschülern, die sich vorzustellen der Phantasie der Zuschauer überlassen wird. George bittet schließlich Emily, ihr die Bücher tragen zu dürfen. Sie willigt ein, bleibt aber kühl und abweisend, so daß er sie direkt fragt, ob sie etwas gegen ihn habe. Da muß er sich sagen lassen, daß sie ihn verändert findet. Sie aber ist entschlossen, ihm die Wahrheit zu sagen. Bis vor einem Jahr mochte sie ihn gern, weil sie doch schon so lange befreundet waren. Dann aber wurde er zum Kapitän der Baseball-Mannschaft der Schule gemacht, und seitdem ist er hochmütig und eingebildet geworden. Alle Mädchen sagen das, und es tut ihr weh, wenn sie so von ihm sprechen und sie sich sagen muß, daß sie recht haben. George ist betroffen. Er meint, daß es vielleicht daran liege, daß ein Mann nicht ohne Fehler sein könne. Sie aber erklärt ihm, daß sie von ihm erwartet, daß er vollkommen ist, wie auch ihrer beider Väter vollkommen sind. Entschieden wendet George ein, daß er glaubt, es sei umgekehrt: „Männer sind von Natur auch nicht gut, aber Mädchen sind es."
Da muß ihm Emily aber eingestehen, daß sie nicht vollkommen ist. Und weil sie fühlt, daß sich ihr Gespräch an diesem Punkte und bei solchen Gedanken festrennt, tut sie das, was Frauen in scheinbar ausweglosen Situationen immer erfolgreich tun: sie weint. Da bleibt George nur ein Ausweg, er lädt Emily zu einem Eiscream-Soda ein.
Damit betreten die beiden Mr. Morgans Drugstore. Natürlich sieht der Spielleiter in der Rolle des Ladenbesitzers, daß Emily geweint hat. Der geistesgegenwärtige George aber weiß sofort eine unverfängliche Erklärung: Emily weint vor Schrecken, weil sie beinahe

vom Wagen des Eisengeschäftes überfahren wurde. Gegen den Schock empfiehlt Mr. Morgan einen ordentlichen Schluck Wasser. Als er es aus dem imaginären Hahn abzapft, ergeht er sich breit über die Gefahren der Straße, zu denen nun noch diese Automobile kommen, so daß man sich kaum noch vor das Haus trauen mag. Emily möchte bescheiden nur eine Erdbeerlimonade. George aber bestellt großzügig die teurere Erdbeer-Eiscream mit Soda. Es besteht ein Grund dazu, sie haben zweierlei zu feiern. Zuerst müssen sie feiern, daß sie gewählt worden sind. Was ihm aber wichtiger ist, ist die Freude darüber, daß er einen Freund gefunden hat, der ihm genau all das sagt, was ihm gesagt werden muß. Emily wehrt gewohnheitsmäßig, aber ohne überzeugt zu wirken, ab, geht aber sofort darauf ein, als er sie bittet, ihm ab und zu zu schreiben, wenn er im nächsten Jahr auf die Landwirtschaftliche Hochschule muß. Dann ringt sich George allmählich zu einem ganz neuen Entschluß durch. Es ist nicht unbedingt notwendig, auf eine Landwirtschaftliche Hochschule zu gehen, wenn man ein guter Farmer werden will. Was man dazu braucht, kann man auch auf anderem Wege lernen. Onkel Lukas ist alt und wartet darauf, daß der Neffe die Farm übernimmt. Wenn es möglich ist, ohne Landwirtschaftliche Hochschule Farmer zu werden, kann er sich das lange Fortsein an fremden Orten und unter fremden Leuten ersparen. Die neuen Leute, denen man begegnet, sind bestimmt nicht viel besser als die alten. Emily hat gewisse Bedenken. George aber ist bereits entschlossen, und er hat sie auch schon innerlich gewonnen. Emily erzählt ihm, daß sie ihn bei allem beobachtete, was er tat. Genau so aber hat auch er sie beobachtet, sie gehört zu den Menschen, an die er am meisten dachte. Seit Tagen wollte er ihr das sagen, aber es kam immer irgendetwas dazwischen. Er will nicht zur Hochschule gehen, weil er einen Menschen gefunden hat, den er sehr gern hat, und von dem er weiß, daß auch er ihn sehr gern hat. Das zu wissen, ist genau so wichtig wie das Studieren oder sogar noch wichtiger. Emily bestätigt ihm, daß sie diese Meinung teilt. Nun fragt er konkreter, wenn auch ohne das letzte Wort auszusprechen, ob sie imstande sei . . . wenn er sich bessern und von Grund auf ändern solle. Er braucht die letzte Frage nicht zu stellen, zögernd, aber fest antwortet Emily, daß sie es ist und immer war. Da kann George feststellen, daß sie eine wichtige Unterredung miteinander hatten. Die Szene endet mit einem kleinen humoristisch-satirischen Nachspiel. George entdeckt, daß er die beiden Eiscream nicht bezahlen kann, weil er kein Geld hat. Er ist in größter Verlegenheit und will sofort nach Hause, die paar Cent zu holen. Aber der Spielleiter in der Rolle des Mr. Morgan gewährt ihm großzügig Kredit, und so endet die heimliche Verlobung doch noch in voller Harmonie.

Lächelnd beobachtet der Spielleiter, nun wieder als solcher, den Abgang der beiden. Dann wendet er sich dem Publikum zu und erklärt, daß man mit der Hochzeit fortfahren könne. Er selbst wird dabei den Geistlichen spielen. Seine kurze Predigt gibt er schon vor der eigentlichen Szene. Er knüpft dabei an einen Ausspruch der Frau Webbs an: ,,Die Menschen sind dafür da, zu zweit zu leben." Der wahre Held dieser Szene, so führt er aus, erscheint gar nicht auf der Bühne bei dieser Hochzeit, die im übrigen wie die Hochzeiten in Grover's Corners ohnehin schon kurz und schmucklos sein wird. Irgendjemand in Europa sagte einmal: ,,Jedes in die Welt gesetzte Kind ist ein Versuch der Natur, einen vollkommenen Menschen hervorzubringen." Was damit gemeint ist, wurde bisher im Stück gezeigt. Sicher ist die Natur an Quantität interessiert. Als Geistlicher aber glaubt er, daß sie auch an Qualität interessiert ist. Das Publikum darf nicht vergessen, daß andere Zeugen bei der Hochzeit sind, die Vorfahren, Millionen von Vorfahren, von denen die meisten es vorzogen, ebenfalls zu zweit zu leben. Sie alle folgten dem Weg der Natur, der immer der gleiche geblieben ist.

Damit setzt die Orgel ein, und die Gemeinde strömt in die durch ein paar in Reihen gestzte Stühle improvisierte Kirche. Frau Webbs zögert auf dem Weg zu ihrem Platz und spricht ins Publikum. Sie weiß nicht, warum sie an diesem Morgen plötzlich weinen mußte. Aber Emily weinte auch, als ihr beim Frühstück einfiel, daß sie nun aus dem Hause fortgeht, um künftig im Hause eines anderen zu frühstücken. Es ist grausam, ein Mädchen so in die Ehe zu schicken. Doch sie brachte es nicht über sich, ihr etwas zu sagen. Auch sie ist einst „blind wie eine Fledermaus" in die Ehe gegangen. Eilig begibt sie sich jetzt auf ihren Platz, während George erscheint. Drei Mitglieder seiner Baseball-Mannschaft treten plötzlich in Sportkleidung auf und empfangen ihn mit Pfeifen und scherzhaften und ermunternden Zurufen. Der Spielleiter läßt sie einen Augenblick gewähren, dann treibt er sie lächelnd von der Bühne. Zum Publikum gewandt meint er, daß es früher bei Hochzeiten ganz anders zugegangen sein soll, daß wir heute aber — angeblich — zivilisierter sind. Nach dieser Bemerkung beginnt der Chor zu singen. George steht bei seiner Mutter. In ihm steigt krampfhaft Sorge vor dem Unwiderruflichen und Neuen auf, das vor ihm liegt. Er sträubt sich innerlich, sich von seinem gewohnten und gesicherten Leben zu trennen, er will nicht erwachsen werden. Die Mutter redet ihm ermutigend zu, er faßt sich männlich, spricht der weinenden Mutter Trost zu und verspricht ihr, daß die Verbindung zwischen ihnen ja nicht abreißen soll, daß sie jede Woche einmal zum Essen kommen werden. Ähnliche Gedanken wie George quälen auch Emily, die inzwischen im Brautkleid auf der Bühne erschienen ist und beim Anblick der in der Kirche Versammelten unwillkürlich zurückweicht. Sie gesteht ihrem Vater, daß sie sich noch nie im Leben so verlassen gefühlt hat. In diesem Augenblick scheint ihr, daß sie George, der sie aus allen ihr liebgewordenen Gewohnheiten reißen wird, haßt. Sie möchte, daß sie wenigstens noch eine Weile in der Obhut der Eltern bleiben kann. Lieber als heiraten möchte sie für den Vater arbeiten, ihm die Wirtschaft führen. Der Vater redet ihr zu und lobt George, den er schließlich zu Hilfe ruft. Sein erneutes Gelöbnis ewiger Liebe und Treue gewinnt Emily sogleich wieder. So kann die Trauung durch den Geistlichen beginnen. Wilder läßt nur diesen Anfang auf der Bühne vor sich gehen. In den schrill gesprochenen Anmerkungen der schwerhörigen Mrs. Soames gehen die weiteren Worte des Geistlichen unter, so daß sich die Trauung nur als Pantomime bei Orgelbegleitung abspielt, die auf dem Höhepunkt zum lebenden Bild erstarrt. Dazu gibt der Spielleiter, immer zwischen der Rolle des Geistlichen und der Funktion als Regisseur stehend, einen kurzen Kommentar, der an die sentimentalen Bemerkungen der Mrs. Soames über das Glück des jungen Paares anknüpft und in dem er darlegt, daß auch die Heirat, von Ausnahmen abgesehen, nur der Anfang zu einem gewohnheitsmäßigen und durchschnittlichen Leben und vielleicht Lebensglück ist. Dann schließt er die Heirat mit dem Abzug des Brautpaares ab, der nach genauer Bühnenanweisung von der Bühne im hellen Licht des Scheinwerfers durch den Zuschauerraum führen soll, was allerdings bei der Sitzordnung in unseren Theatern meistens nicht möglich ist. Mrs. Soames schwätzt währenddessen weiter über den hohen Wert des Glückes bei einem so entzückenden Paar und einer so hübschen Hochzeit. Der Spielleiter erklärt den zweiten Akt für beendet.

Nun scheinbar bringt der zweite Akt mit der Hochzeit das ungewöhnliche, das einmalige Ereignis. In Wirklichkeit setzt er das Thema des ersten Aktes fort. Es geht eben nicht um ein einmaliges und nicht wiederholbares Ereignis. George und Emily finden früh zueinander wie unzählige andere Paare. Die Heirat aber ist das unwiderruflich Neue, die entscheidende Veränderung im individuellen Leben. Unsicherheit und Zweifel stehen über dieser Entscheidung. Es ist die natürliche Reaktion jedes Menschen auf jede Veränderung im Leben. Was besteht, erscheint gewiß und gesichert.

Bei jeder Veränderung aber ist der Ausgang ungewiß. Deshalb begehrt George vor der Hochzeit auf: „Ich will kein Mann sein", und Emily fragt ängstlich: „Warum kann ich nicht noch eine Weile so bleiben, wie ich bin?" Man hat Wilders Werk als Kritik an der Kontaktlosigkeit und Unsicherheit der modernen Menschen und ihrer Unfähigkeit, einander zu verstehen, gedeutet. Aber das war nur zum Teil richtig und aus den Verhältnissen der Zeit, in der das Drama entstand, möglich. Es geht im Grunde an den Intentionen des Dichters vorbei. Das Stück gibt in Wirklichkeit eine allgemeine Lebensdeutung. Immer wieder ist das Individuum vor Entscheidungen gestellt, die ihm bange machen. „Die Welt ist vollkommen verkehrt eingerichtet", klagt Frau Webbs. Aber sie weiß keinen Ausweg und eilt auf ihren Platz, damit die Hochzeit würdig ablaufen kann. Frau Gibbs ihrerseits ist sichtlich erleichtert, als George seine Zweifel mannhaft überwindet und sie auffordert, sich mit ihm über seine Heirat zu freuen. Noch deutlicher wird der Wunsch nach Sicherheit und Beständigkeit bei Emily. Sie verlangt von George, den ihr Vater zu Hilfe ruft und der sie, als sie ihn anfleht, ihr zu helfen, seiner Liebe versichert, daß seine Liebe „für immer und ewig" gleich bleibt, daß neue Beständigkeit die alte ersetzt. Die eine Form des Daseins wird durch die andere abgelöst, ohne daß sich auf dem Hintergrund der Ewigkeit etwas ändert. Auch diese Heirat ist vor diesem Hintergrund nicht einmalig, sie wiederholt nur ein in fast jedem Menschenleben auftretendes Ereignis, das zwar im Einzelfalle bedeutsam erscheint, aber im Lebensganzen nur der Übergang zu einer anderen Form des alltäglichen Lebens ist. Die dabei aufgerufenen Probleme stehen für tausend und mehr Menschen. Der Spielleiter wahrt den episch-repräsentativen Charakter der Handlung, wenn er feststellt, daß der wahre Held der Szene nicht auf der Bühne erscheint. Es ist der Mensch, der sein Geschick mit Millionen Vorfahren und denen, die nach ihm kommen, teilt, ein Geschick, das ertragen wurde und ertragen werden kann, wenn die dem Menschen eigentümliche Kraft hinter dem Alltäglichen und im Leben als Ganzen auch nur durchschnittlich und alltäglichen Einmaligen wirksam und stark bleibt: die Liebe.

Der dritte Akt

Der dritte Akt spielt neun Jahre nach dem zweiten Sommer 1913. Er hat keine Bezeichnung wie die beiden ersten Akte, und Versuche, auch ihm einen dem Inhalt entsprechenden Titel zu geben, blieben unvollkommen. Die Szene ist der Friedhof von Grover's Corners hoch über der Stadt. Manches hat sich, wie der Spielleiter ausführt, verändert, es gibt weniger Pferde, dafür Autos, aber die Zusammenfassung lautet: ,,Sie würden überrascht sein, wie wenig sich hier geändert hat." Eingehend wird vom Spielleiter die schöne Lage des Friedhofes und dieser selbst beschrieben. Die Gräber sind durch einige Reihen von Stühlen angedeutet, auf denen die Verstorbenen ruhig, aber zwanglos sitzen. Unter ihnen sind Mrs. Gibbs, der Organist Stimson, Mrs. Soames, der die Hochzeit so gut gefiel, und auch der Sohn des Redakteurs Webbs, der bei einem Pfadfinder-Marsch an einer Blinddarmentzündung starb. Viel Leid und Kummer ist hier oben über der Stadt irgendwie zur Ruhe gekommen. Auf dem Friedhof erscheinen zwei Lebende, Joe Stoddard, der Leichenbestatter, und Sam Craig, ein Neffe der Familie Gibbs, ein Sohn der Schwester von Mrs. Gibbs. Er hat von Emilys, seiner Kusine, Tod erfahren und sich gedacht, daß er die Teilnahme an der Leichenfeier mit einem Besuch in der alten Heimat verbinden könne. Der Leichenbestatter erzählt ihm von einigen Verstorbenen, deren Namen Sam Craig zufällig auf den Grabsteinen liest, vor allem von seiner Tante, der Mrs. Gibbs. Als erster der Verstorbenen spricht Stimson, der sich auch jetzt noch unbehaglich fühlt, wenn die Lebenden, die ihn kannten, in der Nähe

sind. Und richtig erzählt der Leichenbestatter Sam Craig hinter der vorgehaltenen Hand von Stimsons Selbstmord, über den er allerdings nicht mehr ganz genau Bescheid weiß. Er berichtet dann auch über Emily, die bei der Geburt ihres zweiten Kindes starb.
Der Leichenzug kommt, die Leidtragenden stellen sich unter den Regenschirm um das imaginäre Grab in der Mitte des Bühnengrundes auf. Mrs. Gibbs berichtet der neugierigen Mrs. Soames, die sich noch lebhaft an die Hochzeit erinnert, über den Tod ihrer Schwiegertochter. Mrs. Soames weiß vor allem auch über die schöne Farm zu berichten, die Emily verließ. Während die Gruppe am Grabe einen Choral singt, tritt Emily im Brautkleid unter dem Regenschirm hervor und nähert sich langsam den Verstorbenen, die sie mit einem schlichten ,,Guten Tag" begrüßt. Noch immer vermag sie sich nicht ganz aus ihrem Leben zu lösen, noch bewegen sie die Sorgen der Lebenden. Eingehend erzählt sie der Schwiegermutter von der Farm und allem Neuen, was sie dort angelegt haben, was ihnen zum Teil erst durch die Hinterlassenschaft der Mrs. Gibbs ermöglicht wurde. Noch sind Emilys Gedanken bei George, dem es ohne sie auf der hübschen Farm nicht mehr gefallen wird, und bei ihrem vierjährigen Jungen. Unter ihrem Erzählen geht die Leichenfeier zu Ende, die Regenschirme verlassen die Bühne. Vater Gibbs geht vorher noch zum Grabe seiner Frau, um ihr ein paar Blumen zu bringen. Emily beklagt das Leid der Lebenden, die im Dunklen tappen. Als letzter der Leidtragenden verläßt dann Dr. Gibbs die Bühne. Es ist etwas kühler geworden, der Regen hat eine Abkühlung gebracht.
Plötzlich setzt sich Emily auf ihrem Stuhl auf, als ob ihr eine Idee gekommen sei. Sie fragt Mutter Gibbs, ob es nicht möglich sei, wieder unter die Lebenden zurückzukehren, an die sie sich immer noch lebhaft erinnert. Die Schwiegermutter und Mrs. Soames raten ihr ab, weil sie es nicht vorfinden wird, wie sie es sich vorstellt. Auch der Spielleiter, an den sich Emily wendet, meint, daß einige

versucht hätten, ins Leben zurückzukehren, aber bald wieder zurückgekommen seien. Er warnt sie, daß sie nicht nur erleben, sondern sich selbst zuschauen und dabei Dinge beobachten werde, ,,die dort drüben" niemand sehen könne. Emily aber bleibt entschlossen, sie will sich einen glücklichen Tag aussuchen. Die Schwiegermutter empfiehlt ihr, lieber einen unwichtigen Tag zu wählen, der schon wichtig genug sein werde. Da einigt sich Emily mit dem Spielleiter darüber, daß sie ihren zwölften Geburtstag noch einmal erleben darf. Den ganzen Tag will sie haben. Der Spielleiter ist einverstanden und gibt ihr den Weg frei. Er zeigt ihr die Stadt an jenem 11. Februar 1899. Alles wickelt sich ab wie zu Beginn der beiden Tage, die im ersten und zweiten Akt gezeigt wurden. Der Milchmann, der Zeitungsjunge und der Polizist treten auf wie jeden Morgen. Mr. Webbs ist mit dem Frühzug von einer Reise zurückgekommen. Die Mutter weckt die Kinder. Alles vollzieht sich gewohnheitsmäßig, alles geht den gleichen Gang wie alle Tage. Auf dem Küchentisch liegen einige Geburtstagsgeschenke für Emily, auch George Gibbs, der Jugendfreund, hat ihren Geburtstag nicht vergessen und ist schon in der Frühe trotz der Kälte herübergekommen, um sein Geschenk auf der Schwelle niederzulegen. Emily aber, die nur beobachtet, fühlt sich unsicher, sie vermag nicht die alten Gefühle zu erwecken, die sie einst glücklich machten. Es geht alles so schnell, die Erde und das Leben sind zu schön, als daß die Lebenden sie über ihren alltäglichen Sorgen und Gewohnheiten begreifen könnten. Emily bittet den Spielleiter, sie zurückzuführen, sie hält es unter den blinden Menschen nicht mehr aus. Leidenschaftlich klärt Stimson sie auf, daß die Menschen in eine Wolke von Unwissenheit eingehüllt ewig nur auf den Gefühlen derer herumtrampeln, die um sie sind. Immer bleiben sie auf Gedeih und Verderben einer selbstsüchtigen Leidenschaft ausgeliefert. Das ist ihr ,,glückliches" Dasein, in das Emily zurückkehren wollte. Die Nacht zieht tief herauf, am Himmel erscheinen die ersten Sterne. Die Gedanken der Verstorbenen wenden sich in die Unendlichkeit des Universums. Noch einmal erscheint einer ,,von denen dort", die um diese Zeit hier nichts mehr zu suchen haben. Es ist George, der sich auf Emilys Grab wirft. Die Verstorbenen aber nehmen seinen Auftritt vorwurfsvoll auf: ,,Das ist keine Art, sich zu benehmen, er sollte daheim sein." Auch Emily ist von seinem Erscheinen kaum noch angerührt. Sie sinnt nach: ,,Sie verstehen nicht." Und Mutter Gibbs, die schon länger tot ist, gibt ihr recht: ,,Nein, Liebes, nicht sehr viel." Der Spielleiter zieht langsam den Vorhang über die Bühne. Dabei erzählt er, daß nun in Grover's Corners fast alle schlafen. Es klärt sich auf, die Sterne ziehen auf ihrer uralten Reise über den Himmel. Die Gelehrten sind sich noch nicht darüber einig, ob es dort oben Lebewesen gibt. Die meisten nehmen an, daß dort keine existieren können. Nur dieser eine Stern müht sich die ganze Zeit ab, um etwas aus sich zu machen: ,,Die Mühe ist so groß, daß die Menschen sich alle sechzehn Stunden niederlegen müssen, um auszuruhen." Damit schließt er das Stück ab und verabschiedet sich vom Publikum.

2.3 ,,Das Erzbeispiel des Unvermeidlichen"

In Wilders Roman ,,Die Iden des März" schreibt Caesar am Sterbebett seines Freundes Catull die Worte nieder: ,,Das Erzbeispiel des Unvermeidlichen ist der Tod. Ich erinnere mich gut, daß ich in meiner Jugend glaubte, ich sei gewiß von seinem Wirken ausgenommen. Und nun betrachte ich jene Jahre als vergeudet, in welchen mir nicht bewußt war, daß der Tod gewiß, ja jeden Augenblick möglich ist. Ich kann nun auf den ersten Blick diejenigen erkennen, die ihren Tod noch nicht vorausgesehen haben. Ich kenne sie als die Kinder, die sie sind. Sie vermeinen, indem sie der Betrachtung des Todes ausweichen, die Würze des Lebens erhöhen zu können. Das Umgekehrte ist wahr: Nur wer sein Nichtsein ins Auge faßt, ist fähig, das Sonnenlicht zu preisen. Jedes Jahr sagte ich dem Frühling mit innigerer Leidenschaft Lebewohl und jeden Tag bin ich mit größerer Entschlossenheit dabei, das Gefälle des Tibers zu nutzen, wenn auch meine Nachfolger ihm vielleicht gestatten werden, sich sinnlos ins Meer zu ergießen." Dieser Gedanke beherrscht auch das Geschehen in ,,Unsere kleine Stadt". Der epische Abstand, den der erzählende Spielleiter zum Leben, das er schildert, hat, wird zum Abstand der Toten zu allem Leben. Allmählich verlieren sie die Nähe zum Leben, sie entwöhnen sich der Erde und richten ihre Blicke in die undurchdringliche Ferne, in die Unendlichkeit. ,,Jeder sitzt wie in einem kleinen verschlossenen Kästchen", sagt Emily, als sie sich nach dem kurzen Besuch bei den Lebenden wieder unter die Toten begibt. Auf ihre ratlose Frage: ,,Begreifen die Menschen jemals das Leben, während sie's leben — jeden, jeden Augenblick?" weiß der Spielleiter die Antwort: ,,Die Heiligen und Dichter vielleicht — bis zu einem gewissen Grade." Nur wer das Leben im steten Bewußtsein seiner Endlichkeit, seiner Vergänglichkeit lebt, erfaßt seinen Sinn und seine Aufgabe, wie Caesar in seinem Brief an Catull bekundet. In ,,Die Frau von

Andros" steht die Erzählung von dem Heros, dem Zeus gestattet, noch einmal auf die Erde zurückzukehren unter der Bedingung, daß er am Leben teilnimmt und es gleichzeitig beobachtet. ,,Da gewahrte der Heros", heißt es, ,,daß auch die Lebenden tot sind und daß wir nur in den Augenblicken lebendig genannt werden können, in denen sich unsere Herzen ihres Schatzes bewußt sind. Denn unsere Herzen sind nicht stark genug, um in jedem Augenblick zu lieben." Das ist das erschütternde Erlebnis und die ergreifende Beobachtung der Emily, die unter der gleichen Bedingung vom Spielleiter an einem selbst gewählten Tag aus ihrer eigenen Vergangenheit, der ihr als glücklich erinnerlich blieb, unter die Lebenden zurückgeschickt wird. Ihr wird die Erfahrung: ,,O Erde, du bist zu schön, als daß irgendjemand dich begreifen könnte." Die Menschen sind blind, sie bringen ihre Zeit dahin und verschwenden sie, wie Stimson sagt, ,,als ob man eine Million Jahre zu leben hätte." Sie bleiben in alltäglichen Gewohnheiten und Hantierungen haften, und auch wo sie zu lieben meinen, nach ihren eigenen Begriffsmöglichkeiten wirklich lieben, erliegen sie der Gewohnheit und dem alltäglichen Gleichmaß. Das Leben versteht erst, wer wie Emily gestorben ist, wer ihm von einem Standpunkt außerhalb des alltäglichen Geschehens, jenseits der Mühen und Sorgen, die den Alltag ausfüllen, zuschaut. Der Spielleiter schaut dem Treiben dieser kleinen Welt mit einer Art desinteressiertem, sachlichem Interesse zu, das aber nicht frei ist von menschlicher Wärme und Anteilnahme, von lebhaftem Verstehenwollen. So sehen auch die Verstorbenen, je nach dem Abstand, den sie bereits zu der Welt der Lebenden mit ihrer Verstricktheit im Alltäglichen und Gewohnheiten haben, die Menschen, die sie im Leben zurückgelassen haben. Das Leben, so erkennen sie, hat nur den Sinn, den die Lebenden ihm geben.[5] Der Abstand, den Wilder den Toten zum Leben,

---

5) vgl. P. Szondi, S. 144

den sehend gewordenen Zuschauern, zu den blinden, sich abmühenden Lebenden zuschreibt, ist ein Ausdruck der ständig fortschreitenden Selbstentfremdung des heutigen Menschen. ,,Everybody's selfpreoccupation", was etwa ,,jedermanns auf vorgefaßten Meinungen beruhende Beschäftigung mit sich selbst" bedeutet, nannte Wilder diese Erfahrung: ,,Nobody hears what anyone else says. Everybody walks in a selfcentred dream", ,,Niemand hört darauf, was irgendein anderer sagt, jeder bewegt sich in einem nur auf sich selbst gerichteten Traum." Und das erklärt Wilder als den Hauptpunkt, der durch die Rückkehr Emilys unter die Lebenden an ihrem Geburtstag ins helle Licht gerückt werden soll. Als Außenstehende erkennt Emily, daß die Erde, das Leben zu schön sind, als das der befangene Lebende es jemals begreifen könnte. Das ist kein Ausdruck romantischer Sehnsucht nach einem vergangenen Idyll, es weist auf die Aufgabe eine neue Ordnung in uns selbst zu verwirklichen, die uns eins werden läßt mit der Harmonie des Kosmos. In Wilders ,,Alkestiade" (1955), einer freien Deutung des antiken Stoffes unter christlichem Gesichtswinkel sagt Alkestis: ,,Weißt du, was die letzte Bitternis des Todes ausmacht? Es ist die Verzweiflung darüber, nicht gelebt zu haben." Und in dem frühen Werk Wilders ,,Die Brücke von San Luis Rey" heißt es vom Übergang von der Welt der Lebenden in die der Toten, den fünf Menschen in der gleichen Sekunde erleben: ,,Die Brücke bildet die Liebe — das einzig Bleibende, der einzige Sinn...". Auch Emily verlangt in jenem Augenblick voller Zweifel und Ungewißheit vor der Heirat mit George: ,,Ich will ja nichts weiter, als daß jemand mich liebt... Und für immer... für immer und ewig."

3. WIR SIND NOCH EINMAL DAVONGEKOMMEN

(Erstaufführung 15. Oktober 1942)

Trost und Warnung zugleich

Der amerikanische Titel des Stückes heißt: ,,The Skin of our Teeth". Das bedeutet wörtlich übersetzt: ,,Der Schmelz unserer Zähne". Im amerikanischen Slang besagt die Wendung aber auch das, was wir ,,um Haaresbreite" nennen. Der deutsche Titel kommt dem Sinn des amerikanischen nahe. Genauer ausgedrückt würde er etwa bedeuten: ,,Noch einmal mit einem blauen Auge davongekommen." 1966 inszenierte Helmut Käutner das Werk neu, dazu schrieb er: ,,Als Thorton Wilder sein Stück 1941 schrieb, befand sich die Welt inmitten einer großen Katastrophe, die Hitler-Deutschland angerichtet hatte. Als das Schauspiel zum erstenmal in Deutschland von Deutschen vor Deutschen gespielt wurde, lag diese Katastrophe gerade eben hinter uns und — wir lagen am Boden, geschlagen und schuldig — aber wir waren noch einmal davongekommen. Vor uns lag ein nebulöses Nichts. Wilders Schauspiel gab uns Trost, Güte und lächelnde Hoffnung, Dinge die Mangelware geworden waren, wie man damals sagte. Jedes Wort der ,,message" des Autors traf uns unmittelbar in Herz und Verstand, bewegte unser Gemüt ebenso wie unser Zwerchfell, sofern es schon wieder fähig war zu reagieren. Heute, zwanzig Jahre danach, ist die Wirkung des Dramas eine andere. Die letzte Katastrophe ist, scheint es, nur mehr eine dunkle Erinnerung. Ein Krieg, der uns beträfe, scheint uns so ferne wie Eiszeit und Sintflut. Nahegerückt aber sind die Menetekel, die eine neue Katastrophe anzeigen. Die ,,message" des Dichters ist somit nicht mehr Hoffnung und Trost, sondern in erster Linie Warnung vor dem, was da kommen kann. So scheint es mir heute fast noch wichtiger, Wilders Drama zu

spielen. Es hat uns fast mehr zu sagen als damals, als wir noch einmal davongekommen waren."
Der Blick ist also sowohl bei der historischen Betrachtung wie bei der Begründung der Aufführung in einer veränderten Zeit ausschließlich auf die politische Tagesaktualität gerichtet. Die Dichtung wird als Mittel einer zweckgerichteten Propaganda verstanden, die mit einer gewissen Verschiebung der Akzente als Trost oder als Warnung dienen kann. Damit ist aber nur eine mögliche Deutung erfaßt, die noch nicht an das Wesen der Dichtung rührt, ihren Sinn begreift. Immer wieder werden Dichtungen auch unter Gesichtspunkten eines aktuellen historischen oder sozialpolitischen Gegenwartszustandes interpretiert. Auch Shakespeares ,,Macbeth" wurde nach dem Kriege als Tragödie der mißbrauchten Macht gespielt, wobei man Macbeth in der Andeutung einer Hitler-Maske auftreten ließ. Schon bald war deutlich, daß damit nichts Wesentliches über Shakespeares Werk ausgesagt war, daß das einmalige historische Ereignis isoliert und damit die dichterische Aussage ungebührlich eingeschränkt war. Damit ist nicht unbedingt ein Irrweg beschritten. Auch das, was man in jenen Jahren aus aktuellem Anlaß in Shakespeare hineindachte, läßt sich daraus lesen, aber es ist nicht alles. So hat auch Wilders Werk in jenen Jahren dazu beigetragen, in die irreal traumhafte Stimmung, in der Millionen Menschen auf eine Welt eben überstandener Schrecken zurückblickten und in einen Zustand lähmender Ratlosigkeit und krampfhafter Lähmung jeder Tatkraft einen Lichtstrahl von Trost und Hoffnung zu bringen. Vielleicht kann das Stück auch in einer Welt der Unsicherheit und der drohenden Gefahren eine Warnung sein, es kann dazu anregen, daß die Menschen nicht gewohnheitsmäßig angesichts der aufgezogenen Zeichen des Weltunterganges wie Sabina plappern: ,,Ich glaube es nicht. Ich glaube nicht, daß es irgend etwas zu bedeuten hat. Ich habe Hunderte von solchen Stürmen erlebt", und dabei untätig und ratlos bleiben.

Behandelt Wilder in ,,Unsere kleine Stadt" das Leben des Menschen, aber nicht als Individuum, sondern als Vertreter des menschlichen Geschlechtes, so stellt er in ,,Wir sind noch einmal davongekommen" die Geschichte der Menschheit überhaupt dar. Man hat von einem ,,Welttheater", von einem amerikanischen ,,Jedermann", ja von einer neuen ,,Faust"-Dichtung gesprochen. Alle solche Benennungen sagen nichts über das einmalige und originelle Werk aus. Am wenigsten trifft ein Vergleich mit dem ,,Faust" zu. Faust ist der über sich selbst hinausstrebende Mensch als schöpferischer Geist, der den dem Menschen gesetzten Grenzen mit Hilfe des Bösen entweichen will, dessen Handeln im Ergebnis aber immer von der Bestimmung des Menschen zum Guten, zum Aufwärtsstreben bestimmt bleibt. Er ist derjenige, der sich ,,immer strebend bemüht" und deshalb am Ende erlöst werden kann. Wilders Mr. Antrobus aber arbeitet bis zur Erschöpfung, um wieder vor einer neuen Katastrophe zu stehen, die ihm nur den einen Ausweg läßt, wieder von vorn anzufangen. Niemand wird erlöst, der Mensch überlebt als Gattung. Es geht um die bloße Erhaltung des Menschengeschlechtes, der Säugetierfamilie Mensch, die aus bösen Erfahrungen nicht lernt, die auch unter der Drohung des Unterganges nach dem Sohn Kain ruft und ohne ihn nicht überleben will, die erst in der äußersten Not die Kraft aufbringt, dem Schicksal zu begegnen. Humorvoll stellt Wilder diese Situation am Ende des ersten Aktes, der Eiszeit, dar, wenn er Sabine das Publikum auffordern läßt, ihr die Sitze für das Feuer, das sie im Kamin entzündet, heraufzureichen: ,,We'll need everything for this fire. Save the human race", ,,Wir brauchen alles für dieses Feuer. Retten Sie die menschliche Rasse!"

Fragwürdig sind auch alle anderen Vergleiche, sie führen nicht zum Verständnis des Werkes, das trotz der erheblichen und von Kritikern nicht immer bereitwillig angenommenen Bestückung mit literarischer und historischer Gelehrsamkeit abendländischer Herkunft nur aus amerikanischem Wesen und Denken verständlich ist. Was in den ersten Jahren das Publikum erregte, ist seitdem geläufig geworden. Was damals schockierte, ist heute fast klassisch, es ist durch das absurde Theater übertroffen und selbstverständlich gültig. Für ,,Wir sind noch einmal davongekommen" gilt auch heute noch die Einstufung unter das surreale Theater. Aber Surrealismus ist kein verbindliches Rezept für das moderne Drama, der Begriff läßt sich auch nur sehr begrenzt auf Wilder anwenden. Es ist episches Theater und es hat auch Verfremdungseffekte. Aber wer die dramaturgische Theorie Bert Brechts ernst nimmt, muß zur Ablehnung des Stückes kommen, wie in der Literaturwissenschaft Mitteldeutschlands heute üblich ist. Das Stück betrifft nicht soziale Zustände und soziale Verhaltensweisen, die durch gesellschaftspolitische Aufklärung und eine durch sie wiederum ausgelöste Aktivität verändert werden soll. Für Wilder sind nicht die gesellschaftlichen Verhältnisse die Ursache des menschlichen Versagens, sie liegt im Menschen selbst. Wilder glaubt an die amerikanische Demokratie, die allen ihren Bürgern gleiche Chancen einräumt, ohne daß sie auch von allen angenommen werden. Es gibt genügend Ideen, die das Leben lebenswert machen können, aber die Sorgen des Augenblicks lassen die Menschen ihrer nicht bewußt werden.

So sind die auftretenden Gestalten keine Charaktere, sie sind Typen, Archetypen mit typischen Verhaltensweisen. Das deutet Wilder bereits in den Namen an. Durchweg haben sie zwei Namen, von denen der eine typisch amerikanisch, der andere symbolisch ist. Mr. Antrobus heißt Adam, seine Frau heißt im amerikanischen Alltag Maggie, sonst aber Eva. Sie sind die ersten Menschen schlechthin, die sich seit der Affäre im Paradies nicht wandelten und doch immer wieder ,,um Haaresbreite" ihre Existenz retteten. Auch der Name Antrobus ist nur eine leichte Abwandlung des griechischen Wortes für ,,Mensch". Der ungebärdige Sohn Henry hat seinen Bruder durch einen Stein aus seiner Schleuder getötet, den Mr. Antrobus als Abel betrauert. Er trägt das Kainszeichen an der Stirn und wird in kritischen Augenblicken Kain gerufen. Während Mrs. Antrobus eine typische Mutter ist, die ihre Kinder mit allen Mitteln verteidigt und die sogar Shakespeare verheizen würde, um sie vor dem Erfrieren zu bewahren, ist Sabina, das Dienstmädchen, das in guten Zeiten immer erneut Eva fast verdrängt und in die Rolle der Herrin gelangt, der schillernde Typus des Weibchens. Einmal ist sie der aufsässige Dienstbote, der bei jeder Verstimmung unter genauer Beachtung der gesetzlichen Bestimmungen kündigt, ohne jemals Ernst zu machen. Dann ist sie Schönheitskönigin mit der festen Absicht, Mr. Antrobus zu verführen und die Stelle seiner Frau einzunehmen. Als Verführerin heißt sie Lily. Dahinter verbirgt sich Lilith, ein Dämon des jüdischen Volksaberglaubens, der nach gewissen talmudischen Überlieferungen auch Adams Frau war und der das dämonisch Böse verkörpert, das auch auf Adam seine Macht nicht verfehlt. Der Name Sabina erinnert an den Raub der Sabinerinnen und Mrs. Antrobus erinnert sich genau, daß sie einst in guter Zeit die Herrin im Hause spielte und sich von ihr, der rechtmäßigen Frau Adams bedienen ließ. Ausdrücklich wird auch hervorgehoben, daß Mr. Antrobus sie von den Sabinerbergen holte. Urtümliche Formen des Frauenraubes sind damit angedeutet. Im zweiten Akt heißt Sabina Miss Lily Fairweather, Schönes Wetter, womit symbolisch ausgedrückt wird, daß sie sich nur unter günstigen Umständen als Gefährtin eignet. Rückt die Katastrophe näher, so ist sie abhängig und hilflos, sie wird dann wieder in die Küche verbannt. Ihr schwankender Charakter ermöglicht aber auch, daß sie mehrere Male aus der Rolle fällt, als die Schauspielerin Miss Somerset das Stück unwillig kritisiert und in satirischer Absicht das Publikum beim Herannahen des Eises aufklärt: ,,Ladies and gentlemen, don't take this play serious. The world's not coming to an end — you know it's not. People exaggerate.

Most people have enough to eat and a roof over their heads. Nobody really starves — you can always eat grass or something — that ice business, why, it was a long, long time ago", ,,Meine Damen und Herren, nehmen Sie dieses Stück nicht ernst. Die Welt geht nicht unter — Sie wissen es. Die Leute übertreiben. Die meisten Leute haben in Wirklichkeit genug zu essen und ein Dach über dem Kopf. Niemand muß verhungern — man kann ja immer Gras oder so etwas essen. Die Geschichte mit dem Eis, na ja, das war vor langer, langer Zeit." So vollendet die Satire dann, indem sie hinzusetzt: ,,Übrigens waren es ja nur Wilde. Wilde lieben ihre Familien nicht — nicht so wie wir."

Wilder gibt Menschheitsgeschichte, aber nicht die großer Individuen, sondern die des durchschnittlichen Menschen, des typischen Amerikaners, der auch in scheinbar auswegloser Lage seinen Fortschrittsglauben und Lebensoptimismus festhält. Die Familie Antrobus in Excelsior, New Jersey, Cedar Street Nr. 116 ist allegorisch für das Menschengeschlecht, sie ist aber auch typisch für den amerikanischen Lebensmut, der unter Widerständen nur wächst. Die Allegorie wird ermöglicht durch die ständige Aufhebung der Bühnenillusion, durch die Vermehrung von historischen Zeiten und Verhältnissen und die Relativierung des Ganzen auf die Gegenwart. Mr. Antrobus hat in seinem New Yorker Büro das Rad und das Alphabet erfunden. Er schickt seiner Frau ein Telegramm, in dem er seinen Erfolg meldet. Drei große Katastrophen brechen über die vielgeplagte Menschheit herein, die Eiszeit, die Sintflut und als schwerste der moderne Krieg. In der Eiszeit halten die Antrobus in ihrem Garten mesozoische Dinosaurier und glazile Mammuts als brave Haustiere. Die Tochter Gladys besucht die Schule und sagt dort erfolgreich und zum Stolz der bildungseifrigen Eltern ein Gedicht von Longfellow auf. Die Eiswand schiebt alles vor sich her, Kirchen, Postämter und Rathäuser. In Hartford verheizen die Eiszeitler schon ihre Klaviere. Mr. Antrobus ist notfalls bereit, seinen Gartenzaun und seine Garage für den Kamin zu opfern. Man ernährt sich von Sandwiches und Kaffee, die Kälte wächst bedrohlich, Sabina ruft zur Rettung der Menschheit auf und Mr. Antrobus hört seinem mißratenen Sprößling Henry-Kain das Einmaleins ab, während Mrs. Antrobus Gladys die biblische Geschichte abhört, wie es hoffnungsfreudige amerikanische und nicht nur amerikanische Eltern hunderttausendmal tun.

Der zweite Akt beginnt mit einer Tagesschau, in der die Jahresversammlung der ,,großen Bruderschaft, des altehrwürdigen und erlauchten Ordens der Säugetiere, Unterabteilung Mensch'', einer ,,brüderlichen Kampf- und Beerdigungsgesellschaft'' angekündigt wird, die den erfindungsreichen Mr. Antrobus zum Präsidenten gewählt hat. Als solcher hat Mr. Antrobus eine Pressekonferenz mit Reportern des ,,Atlantic City Herald'' abgehalten. Mrs. Antrobus gibt als aktuellste Neuigkeit bekannt, daß die Tomate als eßbar erkannt worden ist. Gleichzeitig begeht das Ehepaar Antrobus, Adam und Eva, seinen fünftausendsten Hochzeitstag. Das ereignet sich am gleichen Tage, an dem die Sintflut beginnt, dessen Voraussage Mrs. Antrobus als dringlich angelegen erscheinen läßt, für ihre Familie Regenmäntel zu kaufen. Für die Familie Antrobus und die Repräsentanten verschiedener Tiergesellschaften beim Kongreß der Säugetierbruderschaft Mensch liegt ein Schiff an der Pier bereit. Die Welt ist verloren, aber für Mr. Antrobus und seine Familie steigt eine neue Welt herauf, sie ist noch einmal davongekommen.

Die Erfüllung seines Lebens und die Kraft, die Katastrophen zu überstehen, gewinnt Mr. Antrobus aus dem Geiste, aus dem geistigen Erbe der Menschheit. Das ist mit ironischer Zuspitzung bereits im ersten Akt angedeutet, als Mr. Antrobus, der sich gerade mit der Erfindung des Alphabets abmüht, seiner Frau bei der lebensbedrohenden Kälte empfiehlt, alles zu verbrennen außer Shakespeare. Er gewährt den vom Eis bedrängten Musen den Schutz

seines Hauses, er nimmt auch Homer, den griechischen Professor, und Moses, den Richter, auf, von denen der eine den Anfang der ,,Ilias" und der andere der ,,Genesis" in der Ursprache murmelt, die bei Aufführungen allerdings oft durch die Übersetzung ersetzt wird. Unausgesprochen ergibt sich hier auch der Zusammenhang mit der Erfindung des Alphabets, die sinnbildlich genommen werden muß. Es ist die Voraussetzung für die Erhaltung der geistigen Werte, ohne die die Menschheit bei jeder Katastrophe in die rein animalische Existenz zurückfallen müßte. Das erste, was Mr. Antrobus nach seiner Rückkehr aus dem Kriege sehen will, sind seine Bücher: ,,If you've burnt these books, or if the rats have eaten them, he says, it isn't worthwile starting over again", ,,wenn Sie diese Bücher verbrannt oder wenn die Ratten sie gefressen haben, sagt er, lohnt es nicht, wieder von vorn anzufangen", berichtet Sabina Mrs. Antrobus vor der Heimkehr ihres Mannes aus dem Kriege. Für Mr. Antrobus haben ,,ein paar zerrissene Exemplare aus Kellerlöchern" die Welt wiederaufgebaut." Außer der Möglichkeit, neue Welten aufzubauen" hat uns Gott ,,Stimmen, die uns führen" gegeben, das sind die Bücher, das geistige Erbe der Menschheit. Sie werden uns ,,die Situationen unserer Reise."
Am Ende von ,,Wir sind noch einmal davongekommen" spricht Sabina den gleichen Text, mit dem sie die Handlung begonnen hat: ,,Oh, oh, oh! Sechs Uhr, und der Herr ist noch nicht zu Hause. Gott gebe, daß ihm nichts zugestoßen ist, als er den Hudson River überquerte... Die ganze Welt ist aus den Fugen, und warum uns das Haus nicht schon längst auf den Kopf gefallen ist, bleibt mir ein Rätsel." Zum Publikum gewendet sagt sie dann nicht mehr als Sabina sondern als die Schauspielerin Miss Somerset: ,,An dieser Stelle sind Sie hereingekommen. Wir müssen noch ewig so weiterspielen. Sie können jetzt ruhig nach Hause gehen." Das Stück ist zu Ende, aber die Geschichte ist es nicht: ,,Mr. und Mrs. Antrobus! Sie haben viele neue Pläne im Kopf und sind so zu-

versichtlich wie am ersten Tage, als sie begannen." In drei großen Weltkatastrophen muß sich der Mensch, als Repräsentant seiner Gattung, bewähren, aber er lernt aus dem Unglück nicht: „Das Ende dieses Stückes ist noch nicht geschrieben." Jeder Akt endet mit der Feststellung: Wir sind noch einmal davongekommen und stellt gleichzeitig die Frage: Sind wir wirklich davongekommen? Immer bewegt sich das Geschehen auf der Schwelle zwischen Vergangenheit, Gegenwart und Zukunft, aber alle drei Zeiten sind auch zu gleicher Zeit auf der Bühne gegenwärtig. Das Zyklische der menschlichen Entwicklung ist im engen Raum des Dramas eingefangen, in zwei Stunden Aufführungszeit darstellbar gemacht. Sicher muß hier Einfluß des irischen Schriftstellers James Joyce (1882—1941), der die Dinge und Erscheinungen, ohne ursächliche Zusammenhänge zu berücksichtigen, so darstellte, daß alle Schichten des Bewußtseins gleichzeitig sichtbar wurden, angenommen werden. Es ist gewiß kein Zufall, daß Wilder Joyce nicht nur genau kannte, sondern auch einen bedeutenden Essay (1941) über ihn geschrieben hat. Das Schicksal des Menschengeschlechtes ist steter Wechsel zwischen dem erhaltenden Guten und dem zerstörerischen Bösen. Dieser stete Widerstreit ist nicht einmaliges oder gelegentlich wiederholtes historisches Ereignis, er ist immer da und auch im Zustand der scheinbaren Ruhe latent vorhanden, er wird bedingungslos hingenommen. Mr. Antrobus, der neu gewählte Präsident des Ordens der Säugetiergruppe Mensch, verkündet als Losung seiner Amtszeit: „Amüsiert euch!" Mrs. Antrobus aber fürchtet, daß diese Losung „zu Mißverständnissen Anlaß geben" könnte, sie verkündet dagegen die Parole: „Rettet die Familie!" Die Spannung gilt auch im scheinbar sorglosen und glücklichen Augenblick, die Bedrohung der vergangenen Periode gilt auch für die Gegenwart, für den zufälligen Augenblick des einzelnen Menschenlebens, und diejenigen, die „noch einmal davongekommen sind", tragen sie auch in die Zukunft. Das Stück auf der weiten Bühne der Weltgeschichte geht immer weiter, was vor Jahrtausenden galt, gilt auch heute und in Zukunft, die wahren menschlichen Probleme sind zu allen Zeiten die gleichen. So kann Wilder sein Stück an der gleichen Stelle abbrechen, wo er begonnen hat, mit den gleichen Worten Sabinas. Seine Zeit ist die überwirkliche Gegenwart, die das Vergangene genau so ins Bewußtsein hebt wie das Künftige. Mögen auch die äußeren Formen sich wandeln, mag sich das Bild der zivilisatorischen Erscheinung ändern, der Mensch an sich, der Mensch zwischen Leben und Tod, zwischen Fortschrittsstreben und Rückschritt zu barbarischen Urformen, zwischen Beharrung und Wagnis bleibt immer der gleiche. Wilder scheut sich nicht, den Parabelcharakter seines Werkes auf der Bühne offen aussprechen zu lassen. Sabina ist die Sprecherin: ,,All diese Unannehmlichkeiten, die der Menschheit widerfuhren, das ist mehr das Thema für Sie (das Publikum). Außerdem hat der Autor sich in seiner kindischen Art nicht entscheiden können, ob wir noch in Höhlen wohnen sollen oder im heutigen New Jersey, und so geht es das ganze Stück hindurch. Oh — warum können wir nicht Stücke haben wie früher — ,,Alt-Heidelberg" oder ,,Der Ruf des Herzens" oder ,,Die Fledermaus", gute Unterhaltung mit einer Moral, die man getrost nach Hause tragen kann."

Die dramatischen Mittel Wilders sind in diesem Stück grundsätzlich die gleichen wie in ,,Unsere kleine Stadt", aber sie sind entsprechend dem größeren Rahmen differenzierter. Während in ,,Unsere kleine Stadt" der Spielleiter zur zentralen Figur wird, der das Dargestellte erläutert und ins Allgemeingültige erhebt, wird in ,,Wir sind noch einmal davongekommen" die Desillusionierung auf zahlreiche Gestalten verteilt. Sie treten abwechselnd in ihrer Rolle oder als Schauspieler mit ihren bürgerlichen Namen auf. Vor allem Sabina tritt dabei hervor. Sie gibt zu Anfang, nachdem sie die ersten Zeilen ihrer Rolle gesprochen hat, aber kein Partner aufgetreten ist, eine ausführliche Beschreibung der Familie Antrobus, einer typischen amerikanischen Familie. Offen sagt sie auch ihre Meinung über sie, ironisiert sie dabei manchmal, wenn sie von der Tochter Gladys sagt: ,,Sie wird eines Tages einem guten Mann ein gutes Weib sein. Er braucht nur von der Filmleinwand herabzusteigen und sie darum zu bitten." Aus irgendeinem Grunde verzögert sich der Auftritt der Mitspieler, Sabina wiederholt die ersten Sätze ihrer Rolle. Auch jetzt kommt niemand auf das Stichwort hin. Der Regisseur, Mr. Fitzpatrick, mahnt sie dringend, etwas zu improvisieren. Sie fängt an, gerät aber gleich ins Stocken, ihr fällt nichts mehr ein. Ärgerlich fällt sie nun aus der Rolle: ,,Ich kann nicht ein Wort zu diesem Stück erfinden, und ich bin froh, daß es so ist. Ich hasse dieses Stück und jedes Wort, das darin gesprochen wird." Dem Publikum erklärt sie als Miss Somerset, daß sie diese Rolle nur übernommen hat, weil sie keine bessere und üblichere finden konnte, nachdem sie zwei Jahre unter Entbehrungen darauf gewartet hatte. Der Spielleiter ruft sie zur Ordnung, sie versucht erneut zu improvisieren, und endlich tritt Mrs. Antrobus auf. Am Ende des Gespräches mit ihr erklärt Sabina als Miss Somerset verärgert: ,,Ich wünschte, es wäre elf Uhr. Ich möchte nicht noch einmal das ganze Stück über mich ergehen lassen." Sie fällt wieder einmal aus der Rolle, als Mr. Antrobus nach seinem lärmenden Auftritt anordnet, daß sie Kaffee und Sandwiches für viele Leute machen soll: ,,Oh, ich verstehe jetzt, was dieser Teil des Stückes bedeutet: Flüchtlinge." Vertraulich wendet sie sich ans Publikum und erklärt ihm, daß man das Stück nicht ernst nehmen soll, daß alles nur Theater und das Ende der Welt noch nicht gekommen ist. Der Spielleiter muß Miss Somerset erneut zur Ordnung rufen, die schließlich resigniert: ,,Meinetwegen. Ich werde die Worte sprechen, ohne über das Stück nachzudenken." Ehe sie weiterspielt, zieht sie aber das Publikum ins Vertrauen: ,,Und ich rate Ihnen ebenfalls, nicht über das Stück nachzudenken."

Der zweite Akt beginnt bereits, während der Zuschauerraum noch erleuchtet ist, mit einer Reihe von Lichtbildern nach Art der Kinoreklame, die auf den Vorhang — technisch durch einen Zwischenvorhang zu lösen — projiziert werden. Sobald der Zuschauerraum verdunkelt ist, hört man die Stimme des Ansagers der Wochenschau. Auch der erste Akt wurde mit einer Wochenschau eingeleitet. Sie brachte sensationelle Berichte vom Vorrücken des Eises, über den Beschluß der „Gesellschaft zur Bekanntgabe des Weltunterganges", diesen Untergang noch einmal um vierunzwanzig Stunden zu vertagen, über den Fund eines Trauringes mit der Gravierung „Für Eva von Adam" in einem New Yorker Theater, der gegen Ausweis zurückerstattet werden soll, und über die Familie Antrobus und ihren echt amerikanischen Lebensstil und Unternehmungsgeist. Vor dem zweiten Akt berichtet die Wochenschau genau so platt und selbstverständlich über die sechstausendste Jahresversammlung der Bruderschaft Säugetiere Mensch und die Wahl des um den Fortschritt der Menschheit hochverdienten Mr. Antrobus zum Präsidenten. Unvergessen bleiben auch die Verdienste seiner „ebenso reizenden wie charmanten" Gattin, die der Versammlung über den Rundfunk als letzte Errungenschaft die Entdeckung vorlegt, daß man in Öl braten kann. Nach der Ansage des Rundfunksprechers und den Eröffnungsansprachen des Präsidenten Antrobus und seiner Gattin, die vor einem Zwischenvorhang abgewickelt werden, kündigt der Ansager die Schönheitskonkurrenz und die Wahl der „Miss Atlanta 1942" an. Die Jahreszahl wird nicht zufällig genannt. Gewiß ist es das Jahr, in dem das Werk entstand. Es ist aber mehr, es ist auch das dritte Jahr eines Weltkrieges, der entscheidende Umwälzungen für die ganze Welt brachte und der auch Amerika damals längst nicht mehr unberührt lassen konnte. Auf der Bühne aber spielt sich ein fröhlicher Rummel ab entsprechend der von Mr. Antrobus erlassenen Losung: „Amüsiert euch". In der Aufgabe der Desillusionierung, die im er-

sten Akt Sabina hatte, teilen sich jetzt Sabina und die Wahrsagerin, die voraussagt, daß die Sintflut bevorsteht, bei der nur die Familie Antrobus übrigbleiben wird, und die damit allgemeine Heiterkeit erregt. Niemand nimmt sie ernst, die Menschen wollen sich amüsieren. Mr. Antrobus und seine Familie machen keine Ausnahme, auch als am Signalmast bedrohliche Zeichen aufgezogen werden.
Auf dem Höhepunkt des zweiten Aktes aber, als Sabina Mr. Antrobus verführen soll, wird die Handlung unterbrochen. Miss Somerset fällt aus der Rolle als Sabina. Sie erklärt dem Publikum, daß sie diese Szene nicht spielen wird, sie will nur erzählen, was darin vorgeht, und dann die Handlung fortsetzen. Der Regisseur kommt aufgeregt auf die Bühne und verlangt, daß diese Szene weitergespielt wird. Aber Miss Somerset besteht darauf, daß sie nicht spielen wird. Es macht keinen Eindruck auf sie, daß Mr. Fitzpatrick androht, er werde sie bei der Bühnengenossenschaft anzeigen. Bis zum Obersten Gerichtshof will sie gehen, wenn die Bühnengenossenschaft sie verurteilt. Eine nahe Freundin von ihr befindet sich unter den Zuschauern, die einmal ein ähnliches Schicksal hatte. Wenn sie die Szene weiterspielt, muß sie darin Einzelheiten aus dem Leben der Freundin preisgeben. Damit würde sie ihre Gefühle verletzen. Das Theater aber ist kein Ort, ,,wo Leute in ihren Gefühlen verletzt werden sollen." Der ratlose Regisseur erbietet sich, ihre Sätze zu lesen. Im übrigen hat Sabina in der Diskussion längst dargelegt, welche Sätze sie angeblich nicht aussprechen will. Mr. Antrobus vermittelt schließlich, und auf seinen Vorschlag wird die Szene übersprungen. Gespielt wird sie dem Inhalt nach dann doch. Das Intermezzo zwischen dem Regisseur und der widerspenstigen Darstellerin hat die dramaturgische Funktion, das Alltägliche des scheinbar Ungewöhnlichen ironisch hervorzuheben. Die ironische Behandlung der Scheidungsaffäre im Hause Antrobus wegen der neuen Verbindung mit ,,Der Dame im roten Kleid"

geht weiter. Es stellt sich bald heraus, daß Mr. Antrobus die rote Farbe an der Kleidung eigentlich gar nicht leiden kann. Er kommt im Grund auch nie von seiner Frau, die in dieser Situation sehr energisch wird und mit allen Mitteln politischer und moralischer Beredsamkeit die Rechte der Frauen verteidigt, und von seiner Familie, die ihm unverweilt neuen Kummer macht, los. Als sich dann die Einsicht bei ihm durchsetzt, daß sich die Sintflut unaufhaltsam nähert und die bestehende Welt vernichtet wird, hat Mr. Antrobus Sabina rasch vergessen. Er ist jetzt völlig Herr der Lage, gibt klare und wohl bedachte Anordnungen, die seine Familie und die Tierwelt befolgt, ohne ihren Sinn zu verstehen. Wenn auch Sabina — als Dienstmädchen — gerettet wird, so verdankt sie es nur der inkonsequenten Güte der Mrs. Antrobus. Die übrigen Kongreßteilnehmer aber begreifen den Ernst der Stunde nicht. Sie lachen über alle Warnungen und amüsieren sich weiter, bis der Untergang nicht mehr zu übersehen ist. Während er vor sich geht, ertönt aus dem Spielsalon unentwegt die Stimme des Ansagers, der die Gewinnzahlen verkündet.

Für den dritten Akt gibt es keine Wochenschau mehr, die Katastrophe ist zu vollständig. Aber sofort, nachdem Sabina angekündigt hat, daß der Krieg aus ist, unterbricht der Regisseur das Spiel: „Wir haben dem Publikum eine Erklärung abzugeben." Sieben Schauspieler sind bedauerlicherweise an einer Vergiftung durch irgendwelche verdorbenen Lebensmittel erkrankt. Sie mußten sofort ins Krankenhaus geschafft werden und sind glücklicherweise alle außer Gefahr. Sie können aber bei der Aufführung nicht mitwirken. Am Theater gibt es jedoch eine Reihe von vorzüglichen Amateuren, die sich bereit erklärt haben, helfend einzuspringen. Der Darsteller des Mr. Antrobus stellt sie vor. Es sind sein und Miss Somersets Garderobiers, die Kostümverwalterin und mehrere Platzanweiser. Natürlich muß mit ihnen eine kurze Probe abgehalten werden. Mr. Fitzpatrick erläutert den Amateuren die Idee des Autors. Er will die Stunden der Nacht und die Planeten zeigen, die über den nächtlichen Himmel dahinziehen. Aus einem unerklärlichen Grunde stellt jede Stunde der Nacht einen Philosophen dar, der etwas besonders Gescheites zu sagen hat. So ist neun Uhr Spinoza, zehn Uhr Plato und elf Uhr Aristoteles. Zwischen den Amateurschauspielern entsteht ein Disput darüber, was diese Szene bedeuten soll. Als der Platzanweiser, der die neunte Stunde übernommen hat, endlich anfangen will, seinen Text aufzusagen, fällt dem Regisseur ein, daß sie die Planeten vergessen haben, deren Darsteller ebenfalls krank sind. Es sind alles Sänger, für die so schnell kein Ersatz geschafft werden kann. Man muß auf sie verzichten. Es bleibt der Phantasie der Zuschauer überlassen, sich ihren Auftritt vorzustellen. Mit dieser Anregung an das Publikum beginnt Mr. Fitzpatrick die Probe, eine knappe Verständigungsprobe, bei der er die Texte zum Teil abbricht, da er voraussetzt, daß die Darsteller sie genügend beherrschen. Am Ende des Stückes wird die einfache Szene tatsächlich gespielt, zu der Mr. Antrobus das Stichwort gibt. Drei Darsteller sprechen Texte von Spinoza, Plato und Aristoteles, der Darsteller der Mitternacht, der sich bei der ,,Probe" mit den Hinweisen des Regisseurs begnügen muß, trägt den Anfang der Genesis vor: ,,Am Anfang schuf Gott Himmel und Erde...". Als er zu sprechen beginnt erscheint Henry-Kain, der in diesem Akt eindeutig das Element des Bösen verkörpert, auf der Szene, ,,düster und unversöhnlich, aber gegenwärtig." Der Sinn dieser in der Literaturkritik nicht ganz unumstrittenen Szene ist, aufzuzeigen, daß die Ideen der großen Männer allgegenwärtig sind, daß sie zu jeder Zeit Kraft geben können, das scheinbar Unmögliche erneut zu wagen, wie es einer der Darsteller einfacher ausdrückt: ,,Just like the hours and stars go by over our heads at night, in the same way the ideas and thoughts of the great men are in the air around us all the time and they're working on us even when we don't know", ,,genau so wie die Stunden und Sterne nachts über unseren Köpfen dahinziehen, genau so sind auch die Ideen und Gedanken der großen Männer um uns in der Luft herum und wirken auf uns ein, auch wenn wir es nicht merken." Das Motiv der Stundenphilosophen findet sich schon früher in dem Einakter „Pullman Car Hiawatha" von Wilder, und in beiden Fällen ist die Mitternacht der Theologie zugewiesen, in „Pullman Car Hiawatha" dem Hl. Augustinus, in „Wir sind noch einmal davongekommen" dem Moses. Wilder wollte damit wohl die Grenzen des philosophischen Denkens kennzeichnen. In die letzte Tiefe vermag der menschliche Geist nicht einzudringen, nur der Glaube ist dazu imstande. Mag der Geist des Menschen auch hoch steigen, er bleibt doch nur ein winziges Staubkorn in der nur von dem ewigen Gott ausgemessenen Unendlichkeit des Universums. Der Mensch kann nichts anderes tun, als diesen ihm von Gott zugewiesenen Platz in Demut und gläubiger Hingabe anzunehmen. Der Raum, der ihm bleibt, ist seinem Erkennen und Können nach groß genug, und er kann nichts Besseres tun, als darin erst einmal Ordnung zu schaffen.

Gegen diese Szene wurde angeführt, daß sie in den ironisch spielerischen Klang des Stückes unerwartet Akkorde gewichtiger Gelehrsamkeit mischt, die einen geschichtspolitischen Hintergrund bilden oder auch nur vortäuschen, der zum Ganzen nicht paßt. Gewiß ist das Stück Spiegel großer Weltkatastrophen, aber es spiegelt sie in der braven amerikanischen Durchschnittsfamilie Antrobus aus Excelsior, New Jersey, ab, es gibt auch in den Stunden des Weltschicksals durchschnittlich amerikanische Verhaltensweisen. Wenn man das alles völlig ernst nimmt, scheinen die hohen Worte der großen Geister der Menschheit tatsächlich wie Fremdkörper im Ganzen. So neigen deutsche Regisseure gelegentlich dazu, die ganze Szene kurzweg zu streichen. Sie übersehen dabei aber, daß nach der Intention Wilders die Zitate großer Geister dadurch mit dem Ganzen und seinem ironisch spielerischen Grundton verbunden werden sollen, daß sie in grotesker Weise von den angeblich durch eine recht komische Massenerkrankung ausgefallenen Schauspieler auf Amateure aus dem technischen Personal der Bühne übertragen werden, von denen nach der Bühnenanweisung zwei Negerinnen sein sollen. Damit wird für diese Szene der spielerische Charakter des Gesamtwerkes auf eine von der Praxis der Bühne her gesehen absurde Weise überhöht. Das Spiel wird zum Schauspieltheater, wenn man will, zur Schmiere. Auch für diese Szene gilt sinngemäß das, was Wilder dem deutschen Schauspieler Oskar Karlweis über die Aufnahme seines Einakters „Das lange Weihnachtsmahl" in Deutschland sagte: „Die Deutschen spielen ihn tragisch, tragisch, tragisch. Gewiß hat er somewhat bitter effect, but so ist das Leben. Können Sie glauben, daß für amerikanische Regisseure und Zuschauer that play has many laughs and legitimate laughs indeed by me! (daß dieses Stück viel Gelächter hervorruft, und für mich wirklich berechtigtes Gelächter) ... aber nicht in Deutschland!" Richtig entfaltet wird die Allegorie also nur dann, wenn sie komödiantisch, als Schauspielertheater geboten wird. In diesem Sinne mag man die Funktion der Szene mit der des Rüpelspiels in Shakespeares „Ein Sommernachtstraum" vergleichen, das die hohe Tragödie persifliert.

Mitten im dritten Akt wird die Szene noch einmal unterbrochen. Auf dem Höhepunkt der Aussprache zwischen Mr. Antrobus und seinem feindlichen Sohn Henry unterbricht Sabina als Miss Somerset das Spiel. Der Kampf zwischen Vater und Sohn wird ihr allzu realistisch. Der Darsteller des Henry erläutert selbst seine Motive, auf die der Darsteller des Mr. Antrobus antwortet. Es ist das uralte Generationsproblem. Die Jugend rebelliert, sie wendet sich gegen die angebliche oder tatsächliche Bevormundung durch die Älteren, sie pocht auf das Recht, ihr Leben nach eigenen Vorstellungen zu gestalten. Im jugendlichen Tatendrang will sie aber auch die ganze Welt nach ihren Vorstellungen umgestalten. Bei Wilder jedoch hat der Vater Verständnis für seinen Sohn. Er selbst hat über der unablässigen Arbeit, über Sorgen und Mühen eines Tages vergessen, sich um die menschlichen Belange zu kümmern: ,,Ja, arbeiten, arbeiten, arbeiten, das ist alles, was ich tue. Ich habe aufgehört zu l e b e n." In dieser Situation hilft freilich Sabinas Bemerkung auch nicht weiter: ,,Wir sind alle miteinander so schlecht, wie wir nur sein können." Da bleibt der Darstellerin der Mrs. Antrobus nur übrig, ihnen zu empfehlen, den Kopf unter die kalte Dusche zu halten. Irgendwie muß das Stück doch weitergehen, und da alle typisch und in ihrem Verhalten festgelegt sind, so daß nichts sich ändern wird, ist die Diskussion samt Sabinas Anmerkung nur rhetorisch zu nehmen. Tatsächlich gelingt es der ruhig sachlichen Überlegenheit der wirklichkeitsnahen Mrs. Antrobus, die nur das Nächstliegende sieht, die Streithähne zu etwas wie Vernunft zu bringen, so daß das Stück weitergespielt und zu Ende geführt werden kann.

3.1 Sachliche und sprachliche Erläuterungen

Agonie: Todeskampf.
Alt-Heidelberg: Erfolgsstück (1901) von Wilhelm Meyer-Förster (1862–1934) nach seiner Erzählung ,,Karl Heinrich" (1899). In den ersten Jahrzehnten dieses Jarhhunderts war es das populärste Stück auf allen Bühnen der Welt, in Amerika erschienen mehrere Filmfassungen davon. Bis heute ist die Vorstellung des Durchschnittsamerikaners von Heidelberg von diesem Schauspiel geprägt.
Atlantic City: Viel besuchtes Seebad im Staate New Jersey, südöstlich von Philadelphia.
Bingo-Spielbude: Ein Glücksspiel mit Zahlen und Buchstaben.
Boston: Hauptstadt des Staates Massachusetts.
Brooklyn: Einer der fünf Stadtbezirke in New York City auf der Westspitze von Long Island.
Die Fledermaus: Hier ist die Operette von Johann Strauß gemeint.
Hartford: Hauptstadt des Staates Connecticut am Connecticut-Fluß gelegen.
,,I've been working on the railroad all the livelong day...": Ich arbeite auf der Eisenbahn, den lieben langen Tag.
Jersey City: Zum Metropolitan Area von New York gehörende Stadt im Staate New Jersey am Hudson gegenüber von Manhattan.
Die Kameliendame: Drama von Alexander Dumas d. J. (1825). In Amerika populär durch die Verfilmung mit Greta Garbo (1936) und durch die nach dem Schauspiel komponierte Oper Violetta oder La Traviata von Verdi.
Longfellow: Henry Wadsworth L., populärer amerikanischer Dichter (1802–82).

„Mitten im Leben sind wir mitten im Tod...": Eine sehr freie Fassung (entsprechend Sabinas Unbildung) der Antiphon „Media vita in morte sumus", in deutscher Übersetzung: „Mitten in dem Leben sind wir vom Tod umfangen". Sie stammt aus dem 11. Jahrhundert und ist in der Textfassung aus dem Jahre 1521 mit einer schon aus dem 14. Jahrhundert stammenden Melodie verbunden noch heute im gottestdienstlichen Gebrauch.
Murray Hill: Im hügeligen Vorland der Appalachen.
Die Natürliche Tochter: Schauspiel von Goethe (1802).
Newark: Hafenstadt im Staate New Jersey an der Mündung des Passaic River. Sie gehört zum Metropolitan Area von New York.
Sabinerberge: Gebirgszug des Appenin nordöstlich von Rom zwischen Tiber und Turano. Hier Anspielung auf den Raub der Sabinerinnen, von dem Livius berichtet, ganz allgemein auch als Anspielung auf die urtümlichen Formen des Brautraubes gemeint.
Raffael: Bild von Raffael. Eigentlich Raffaelo Santi (1483—1520), italienischer Maler und Baumeister. Seine Bilder waren und sind zum Teil noch heute wegen ihrer sinnfälligen menschlichen Auffassung beim amerikanischen und auch deutschen Bürgertum volkstümlich und sehr verbreitet.
Die Regimentstochter: Oper (1840) von Gaetano Donizetti (1797 bis 1848).
Staten Islands: Insel vor der Mündung des Hudson mit den Seebädern South Beach und Midlandbeach.
University Heights: Morningside-Heights am Hudson River in New York. Dort liegt die Columbia University.

3.2 Das Bühnengeschehen

Erster Akt:

Die Szene ist das Haus von Mr. George Antrobus in dem reizvollen Villenvorort Excelsior im Staate New Jersey im Metropolitan Aera von New York, ein geräumiges Siebenzimmerhaus in angenehmer Lage und erreichbarer Nähe der Volksschule, der Methodistenkirche und der Feuerwehr, nicht weit vom nächsten Konsumgeschäft. So beschreibt es der Ansager der Wochenschau, der den prominenten Mitbürger Mr. Antrobus und seine Familie vorstellt. Sogleich setzt aber auch die Vermischung von mythischen Vorstellungen und Begriffen mit dem typisch amerikanischen Leben der Gegenwart ein. Mr. Antrobus kommt aus einer der ältesten Familien, hat sich aus dem Nichts emporgearbeitet, soll einmal Gärtner gewesen sein (Paradies), hat diese Stellung aber aus nicht mehr bekannten Gründen aufgegeben. Er ist Veteran mehrerer Kriege. Mrs. Antrobus ist die anmutige, bezaubernde Präsidentin des ,,Excelsior-Mütter-Klubs". Sie ist die Erfinderin der Schürze, ,,die seitdem so viele interessante Abwandlungen erfahren hat." Zur Familie gehört auch das Dienstmädchen Lily-Sabina, die Freundin des Hauses. Vor der Einführung der Familie Antrobus gab es Wochenschauberichte über die beispiellose Kälte dieses Sommers und das bedrohliche Vorrücken der Eiswand von Norden, wozu im übrigen auf die einschlägigen Berichte der Tagespresse verwiesen wird.

Die Spielhandlung beginnt mit einem ausgedehnten Monolog Sabinas, in dem sie nach ihrer Besorgnis über die Kälte ihre Bewunderung für Mr. Antrobus und seine Frau ausspricht. Er ist der typische amerikanische Bürger, ein fürsorgender Gatte und Vater, der sich um das Wohl der Gemeinde kümmert und eine Säule der Kirche darstellt. Vor der Polizei hat er allen schuldigen Respekt. Bei dem Ärger, den er mit ihr hatte, vor allem als das mit seinem Sohn, der seinen ältesten Bruder Abel mit der Schleuder leider nicht verfehlte, passierte und die Polizei nur schwer aus dem Hause zu bringen war, ist das nur verständlich. Mrs. Antrobus ist eine vorbildliche Gattin und Mutter. Mit den beiden hat Sabina magere und fette Jahre erlebt, vor ein paar Jahren die große Wirtschaftskrise. Jetzt erlebt sie den Einbruch der Kälte und des Eises. Aus ihren eigenen Erfahrungen kann sie dem Publikum nur empfehlen, nicht nach Warum und Wieso zu fragen, sondern die Freuden des Lebens zu nehmen, wo sie sich bieten. Als sie bereits halb aus der Rolle gefallen ist, beginnt ihr richtiger Ärger. Das Stichwort wird nicht beantwortet, sie bleibt allein auf der Bühne. Da macht sie erst einmal ihrem Herzen Luft wegen ihres Mißbehagens am Theater, auf dem so wunderliche neue Stücke statt der bewährten alten gespielt werden. Auf dringliche Mahnung des Regisseurs resigniert sie: ,,Es kommt nicht mehr darauf an. Noch in hundert Jahren wird alles genauso sein", und mit erhöhter Stimme wiederholt sie das Stichwort, auf das hin nun endlich Mrs. Antrobus auftritt. Mit der größten Selbstverständlichkeit hat sich Mrs. Antrobus auf die Verhältnisse der Eiszeit eingestellt. Sabinas Verzagtheit ist ihr unverständlich, sie ist sicher, daß die Drohung Sabinas mit dem eigenen Tode nur Redensart ist und sofort vergessen wird, wenn man ihr nur einen neuen Hut oder ein Kinobilett schenkt. Man tut das Nächstliegende, in diesem besonderen Falle sorgt man für ein tüchtiges Feuer. Wenn das Dienstmädchen Angst hat vor der Kälte und den verängstigten Menschen und deshalb kein Feuer beim Nachbarn ausleihen will, besorgt sie es eben selbst. Die Hauptsache ist, daß das Haus in Ordnung bleibt und die Kinder richtig erzogen werden. Es macht auch keinen Eindruck auf Mrs. Antrobus, daß Sabina ihr vorhält, sie verstehe ihren erfindungsreichen Gatten nicht und ihre Kinder machten sich über sie lustig. Für sie ist Sabina allenfalls eine Frau, die ein Mann an guten Tagen verwöhnen

kann, die aber nicht selbständig zu denken oder handeln vermag. Sie selbst aber kennt ihre Pflicht als Frau und Mutter und richtet sich danach.
Es folgt die Szene mit dem Telegraphenjungen. Zunächst verbarrikadiert Mrs. Antrobus das Haus gegen ihn: nichts Fremdes darf in die geheiligte Zone des Heimes eindringen. Dann aber erkennt sie ihn an der Stimme. Er stellt im Gespräch erst einmal fest, daß die Leute gegen das Vorrücken des Eises nicht viel mehr zu tun wissen, als darüber zu reden. Viele versuchen auch das zu tun, was Abertausende alle Jahre gegen die Winterkälte tun, sie flüchten nach dem Süden. Das Telegramm weiß der Junge auswendig. Vorerst ist Mr. Antrobus mit der Erfindung des Alphabets, die rüstig voranschreitet, noch nicht ganz fertig. Von dieser Erfindung berichtet das Telegramm zuerst. Dann gratuliert Mr. Antrobus seiner Frau zum Hochzeitstag. Nach guter amerikanischer Sitte wird dieser Glückwunsch gesungen. Das verwundert Mrs. Antrobus zwar, aber sie ist so oder so bereit, dem Telegraphenjungen, der bereits Frau und Kinder hat, auf seine verlegene Bitte hin statt eines Trinkgeldes, das sie nicht geben kann, weil sie kein Geld im Hause hat, eine der beiden noch vorhandenen Nadeln zu schenken. Sie gibt ihm den Rat, seine Familie wegen der Kälte nicht zu beunruhigen. Da fällt dem Jungen noch ein, daß Mr. Antrobus seiner Frau mitteilen läßt, daß er das Rad erfunden hat, worunter sich allerdings niemand etwas Rechtes vorstellen kann, weshalb diese Mitteilung auch wenig Interesse findet. Mrs. Antrobus entläßt den Telegraphenjungen mit der Mahnung, sich warm anzuziehen. Sabina klagt hinter ihm darüber, daß alle netten Männer auf der Welt schon verheiratet sind.
Die Kinder Gladys und Henry kommen heim, benehmen sich recht ungebärdig und werden ausgiebig erzieherisch beeinflußt. Sie beklagen sich über die Schule, die ihre Gefühle verletzt, beunruhigen die sonst so verständnisvolle Mutter aber, als sie entdeckt, daß die

Tochter sich geschminkt hat. Da wird „mein kleiner Engel, mein kleiner Stern" plötzlich „ein schmutziges, ekelhaftes Kind", das den Vater, der es für vollkommen hält, bitter enttäuschen wird, was wiederum nicht sein darf. Sabina muß ihr das rote Zeug in der Küche mit der Scheuerbürste abschrubben. Aber Sabina kann das unartige Kind nicht mehr herausschaffen. Draußen brüllt jemand ein Lied aus der Pionierzeit des Eisenbahnbaues. Sogar das Dinosaurier- und das Mammutbaby, die das Heim mit der tierlieben Familie teilen dürfen, erschrecken. Die ängstliche Sabina vermutet draußen einen Vagabunden, der sie alle ermorden wird. Aber es ist nur der gute Hausvater, der sich auf diese grobe Art und Weise gemütlich einführt. Mit der Pelzmütze auf dem Kopf kommt er heim und freut sich diebisch, weil er die „gesamte Gaunerbande" so angeführt und erschreckt hat. Er bringt eine Unmasse Pakete, ein Steinrad und eine Eisenbahnerlaterne mit. In derber Manier neckt er seine Frau, das „alte Schlachtroß", und Sabina, das „Stinktier". Die Kinder kennen den Vater und gehen auf seine Neckereien ein. Sabina allerdings teilt ihm mit, daß sie gekündigt hat und nach der gesetzlichen Frist von vierzehn Tagen gehen wird. Mr. Antrobus findet das sehr amüsant. Gutmütig erklärt er ihr, daß sie erfrieren wird, wenn sie sofort geht, und deshalb besser daran tut, erst einmal das Abendessen für die Familie zu kochen. Dann erkundigt er sich, ob sein Telegramm richtig angekommen ist. Seine Frau aber will voller Besorgnis wissen, was mit der Kälte ist. Mr. Antrobus aber möchte in Gegenwart der Kinder nicht davon sprechen. Lieber verpaßt er seinem Sohn, der mit dem Rad spielt, eine Ohrfeige, damit er nicht vergißt, daß an diesem Tage das Alphabet beendet, die Zahl Hundert entdeckt und das Rad erfunden wurde. Der technisch begabte Sohn weiß auch gleich, was man mit dem Rad anfangen kann. Mrs. Antrobus aber durchschaut die gespielte Zuversicht ihres Mannes. Sie schickt die Kinder hinaus und fragt direkt, ob ihr Mann noch eine Rettung vor dem Erfrieren erhofft.

Ihr Mann will der Antwort erst ausweichen, er zieht vor, nur an den Tag und nicht weiter zu denken. Er kann schließlich aber nicht umhin, zuzugeben, daß auch er nicht weiß, ob sie das vorrückende Eis nicht alle umbringen wird. Vorläufig gibt es nichts zu tun, als immer sorgfältig auf ein gutes Feuer zu achten, wenn auch alles im Haus, der Gartenzaun und die Garage dazu verheizt werden müssen. Das überzeugt seine Frau, sie ist sofort entschlossen, unentwegt für das Feuer zu sorgen.

Da tauchen Flüchtlinge auf. Trotz der verlegenen Ausreden ihres Gatten merkt Mrs. Antrobus, daß er ihnen Schutz und Hilfe in seinem Hause versprochen hat. Zwar gilt auch für ihn der Grundsatz, daß sein Heim die unantastbare Privatsphäre ist, aber die Stunde äußerster und allgemeiner Not hat ihre eigenen Gesetze. Er ist bereit, den Flüchtlingen zu helfen. Als praktischer Mann erwartet er aber auch von jedem, daß er selbst etwas zu seiner Rettung tut, in diesem Falle einen Zaunpfahl ausreißt und für das Feuer ins Haus bringt. Freilich fällt es ihm nicht leicht, seiner Frau beizubringen, daß er diese Leute, ohne das Einverständnis der Hausherrin einzuholen, eingeladen hat. Da hilft nur eins. Er muß sehr energisch werden, in diesem Falle sich resigniert scheinbar dem Willen seiner Frau beugen und im übrigen am Leben verzweifeln. Indem er Pantoffelheld spielt, bewegt er Mrs. Antrobus wirklich zum Nachgeben. Er bringt nun weitere Argumente. Es ist immer gut, an die Zukunft zu denken. Warum soll man sich nicht mit einem alten Richter, der alle Gesetze gemacht hat, gut stellen. Sie haben ihren Sohn nicht erziehen können. Wer garantiert ihnen, daß ihnen der alte Richter nicht einmal sehr nützlich werden kann. So darf Moses ans wärmende Feuer. Da sind auch die neun Musen, in dieser Stunde der Not bedürftige alte Frauen, und ein blinder Sänger mit einer Gitarre, den Antrobus, um mehr Eindruck auf seine Frau zu machen, als Professor einführt. Früher war er einmal unter dem Namen Homer berühmt. Vorläufig haben die Misses Musen und die beiden anderen Prominenten nur das Bedürfnis nach einem Platz am Feuer, einem heißen Kaffee und einem Sandwich. Dafür soll Sabina reichlich vorsorgen. Während alle zwischen Angst vor der Kälte und Hoffnung auf eine Rettung durcheinander reden, schreit Sabina in der Küche entsetzt auf. Der Sohn Henry hat wieder einmal Unheil mit seiner Schleuder angerichtet und einen Jungen des Nachbarn ermordet. Die Mutter ist sogleich bereit, ihn zu entschuldigen, schließlich ist das Kind ja erst viertausend Jahre alt. Der Vater aber will verzweifeln. Er kann keinen Hoffnungsschimmer mehr sehen. Aber die Mutter beruhigt ihn nach und nach. Sie erinnert ihn daran, welche schweren Zeiten sie gemeinsam überstanden haben. Als Henry dann das Einmaleins aufsagt und das Töchterlein dem Papa die Hausschuhe bringt und ihm erzählt, daß sie in der Schule, ohne zu stocken, den ,,Stern'' von Longfellow aufgesagt hat, als sie ihm ein bißchen schmeichelt, da faßt sich Mr. Antrobus wieder. Ein Gedanke gibt ihm Zuversicht: was werden diese Kinder, wenn sie die Kälte überstehen, nach den Erfindungen, die er gemacht hat, alles können. Energisch wird nun der Unterricht fortgesetzt. Die Mutter muß den Kindern nach dem Einmaleins den Anfang der biblischen Geschichte beibringen. In ironisch humorvoller Fortsetzung bittet Sabina Platzanweiser und Publikum, ihr die Sitze heraufzureichen, damit sie unter allen Umständen das Feuer unterhalten kann und die Menschheit angesichts solchen Bildungsstrebens und solcher Fortschrittlichkeit gerettet wird.

Zweiter Akt:

Die Wochenschau, die den zweiten Akt einleitet, stellt wieder Mr. Antrobus und seine ,,ebenso reizende wie charmante Gattin" vor. Die Worte beim ersten und zweiten Akt gleichen einander. Jetzt aber ist der berühmte Mr. Antrobus der in Atlantic City neugewählte Präsident der Unterabteilung der Mensch der Bruderschaft der Säugetiere. Er kann auf ein langes und wechselvolles Leben zurückblicken. Der Ansager rühmt von ihm, daß er ,,jeder Zoll ein Säugetier" ist. Seine großen Erfindungen, nämlich das Rad, der Hebel und das Bierbrauen werden hervorgehoben. Seine Frau brachte als letzte Novität die Kunst, in Öl zu braten. Damit ist wohl eine Satire auf die Modische Abneigung gegen tierische Fette und den amerikanischen Hygienefimmel beabsichtigt. Auch die Konkurrenz-Orden der anderen Tiere halten in verschiedenen Weltgegenden ihre Kongresse ab. Sie haben zum Kongreß der Menschengruppe der Säugetiere je zwei Vertreter jeder Art delegiert. Hinter der durchsichtig werdenden Leinwand wird Mr. Antrobus bei der Begrüßungsansprache und der Dankadresse an die vereinigten Jahresversammlungen der gesamten natürlichen Welt gezeigt. Er drischt Phrasen, erinnert routinemäßig an glücklich überwundene Leidenszeiten, verspricht sich dauernd, verhaspelt sich, verliert den Faden, den wieder aufzufinden ihm aber seine Gattin beisteht. Ausdrücklich verteidigt er sich gegen Gerüchte, er habe während seiner Laufbahn verschiedentlich mit dem Gedanken gespielt, einem konkurrierenden Orden der Tiere beizutreten, etwa durch Kiemen zu atmen oder Federn zu tragen. Trotz aller Weitschweifigkeit kommt er richtig zum nichtssagenden Ende. Wie seine Ansprache ist auch die seiner Frau das übliche, hochtönende Geschwätz, das auf ungezählten Kongressen und Versammlungen ausgebreitet wird. Sie mischt platte alltägliche Lebensregeln in ihre Rede, gibt schönen Worten das Gewicht der literarischen Bildung mit durch ein selbst-

gebasteltes Zitat Shakespeares, verspricht sich und sagt aus Versehen die Wahrheit, fängt sich aber wieder und erinnert an ihren bevorstehenden fünftausendsten Hochzeitstag. Sie endet mit einem konventionellen, aber im Ton leidenschaftlicher Überzeugung vorgetragenen Aufruf für die Gleichberechtigung der Frau. Nach den beiden Ansprachen gibt der Ansager bekannt, daß es leider nicht möglich ist, die Schönheitskonkurrenz, bei der Miss Lily-Sabina Fairweather zur „Miss Atlantic City 1942" gekürt wurde, zu zeigen. Dafür verspricht er einige Bilder von der Kongreßstadt und ihren sich köstlich amüsierenden Besuchern.
Der Vorhang öffnet sich. Auf der Bühne spielt sich ein munterer Betrieb zwischen bunten Buden ab, unter denen der Bingo-Spielsalon der Miss Fairweather herausragt. An einem Mast werden Signale aufgezogen, die Sturm oder Hurrikan anzeigen. Melancholische Neger schieben Rollstühle über die Bühne. Vor ihrer Bude sitzt die alte Zigeuner-Wahrsagerin Esmeralda. Von Zeit zu Zeit ziehen Gruppen von Kongreßteilnehmern über die Bühne und treiben alberne Scherze. Sie nehmen die vom Präsidenten Antrobus ausgegebene Losung „Amüsiert euch" sehr ernst. Lily-Sabina kommt aus ihrem Spielsalon. Sie hat einen blauen Regenmantel übergeworfen, der ihren roten Badeanzug fast vollständig verbirgt. Sie fordert von Esmeralda, daß sie ihr weissagt. Die Zigeunerin aber geht nicht darauf ein. Da erklärt ihr Sabina, daß sie selbst ihre Zukunft deuten wird. Sie wird Präsident Antrobus seiner Frau wegnehmen. Alle Ehemänner der Welt werden von ihr bezaubert sein, sie aber will Mr. Antrobus. Allerdings hat sie Besorgnis wegen ihrer mangelhaften Bildung und fragt beiläufig, wer eigentlich die Helena von Troja gewesen sei. Ein Trupp von Kongreßteilnehmern stört sie in ihren Phantasien und in ihrem mühsamen Nachdenken. Alle verehren sie, ein ganzer Starrummel wird um sie entfesselt. Sabina aber weist sie ab. Solche Nullen mögen sich Mädchen suchen, mit denen sie sich amüsieren können, wo sie wollen. Sie

aber ist hinter größeren Fischen her. Damit verschwindet sie in ihrer Spielbude und läßt die Verehrer stehen. Die Männer aber sind amüsiert über sie, nehmen ihre Abweisung nichts weniger als tragisch und stolpern hinter ihr in die Bude.
Die Wahrsagerin tritt hervor und wendet sich an das Publikum. Sie erklärt ihm, daß sie die Zukunft deuten kann, weil sie jedem im Gesicht geschrieben steht. Niemand aber, auch sie nicht, vermag die Vergangenheit zu deuten. Wie Mr. und Mrs. Antrobus liegen ungezählte Menschen nächtelang wach und versuchen, über ihre Vergangenheit nachzudenken. Sie finden ihre Deutung nicht. Wie die Jugend entglitt sie ihnen, ohne feste Gestalt anzunehmen. Die Wahrheit über die Zukunft aber ist jedermann unglaubwürdig, niemand kann sie ertragen, obwohl er nur in den Spiegel zu schauen braucht, um das von ihr zu sehen, was am sichersten ist, daß nämlich die Zukunft der gerade Weg zum Tode ist. Auch Mr. Antrobus will sie nicht sehen. Er hält sich für einen großen Mann, er, der Erfinder des Bierbrauens und des Schießpulvers. Ihm erscheint sicher, daß er die Zukunft aus eigener Kraft bestimmen wird. Aber sie wird Ströme von Regen bringen, die Sintflut. Wieder wird man mit knapper Not davonkommen, aber nur eine Handvoll. Die Kongreßteilnehmer, die ihr zuhören, finden die Wahrsagerin komisch, sie spotten über sie und nennen sie ,,Madame Spielverderber", ,,Mrs. Jeremias". Sie aber sagt ihnen voraus, daß sie alle in der Sintflut umkommen werden. Sie haben ihre Chance nicht erkannt und sie verspielt.
Die Familie Antrobus kommt und mischt sich unter die festliche Menge. Nur Henry fehlt noch. Er ist wieder auf dem Wege, mit seiner Schleuder Unheil anzurichten. Vater Antrobus will ihn zornig nach Hause schicken. Mrs. Antrobus aber ist wegen der allgemeinen festlichen Stimmung geneigt, alles zu vergeben und zu vergessen. Sie gerät in einen Wortstreit mit dem Gegenkandidaten ihres Mannes um die Präsidentschaft, dem sie vorwirft, ihn gehässig ver-

leumdet zu haben. Sie ist verärgert über ihren Mann, der ihr überläßt, für ihn einzustehen. Mit einiger Mühe rufen ihr Mann und ihre Tochter sie zur Ordnung. Man muß auch den Gegner achten, so fordert es die demokratische Ordnung. Nun streitet Mrs. Antrobus mit ihrem Mann. Gladys will in einem Fahrstuhl gefahren werden. Seiner Frau aber ist das zu teuer, während der gute Vater bereit ist, dem Kinde das Vergnügen zu erlauben. Mrs. Antrobus verlangt, daß sie im Hinblick auf kommende Zeiten so sparsam wie möglich sind. Mr. Antrobus braust auf: ein Mann kann eine Familie nur bis zu einer gewissen Grenze ertragen. Für Mrs. Antrobus aber gibt es erneuten Grund zur Aufregung. Miss Lily geht vorüber und wird von Mr. Antrobus übertrieben freundlich gegrüßt. Dieses Mädchen erinnert Mrs. Antrobus in fataler Weise an Sabina, mit der sie einst allerhand Unerfreuliches erlebte. Die Eiswand war nötig, um Mr. Antrobus die Augen über sie zu öffnen. Mr. Antrobus verteidigt Lily als kluges Mädchen von strengen Grundsätzen, das uneigennützig für die alte Mutter sorgt, ohne indessen seine Frau überzeugen zu können. Nur scheinbar lenkt sie ein. Sie wird abgelenkt, als am Strandsignal zwei schwarze Scheiben aufgezogen werden und sie hört, daß sie Sturm bedeuten. Da ist ihre nächste Sorge, Regenmäntel für die Familie zu kaufen. Außerdem möchte sie einmal einen Walfisch sehen. Henry erklärt dazu, daß zwei als Kongreßdelegierte anwesend sind. Gladys aber beeindruckt den Vater tief, als sie ihr geographisches Schulwissen auskramt. Die stets besorgte Mutter hat am Ende der Pier ein Schiff entdeckt, auf dem man vielleicht bei dem Sturm besser aufgehoben ist als auf dem Festlande. Im übrigen empfiehlt sie ihrem Mann, sich auszuruhen und auf seine Rundfunkrede vorzubereiten. Da platzt Mr. Antrobus die Geduld. Es geht zu weit, daß er sich sagen lassen soll, wann er die Augen auf- oder zuzumachen hat. Er schickt seine Frau fort, Regenmäntel einzukaufen. Die Kinder dürfen zehn Minuten spazierengehen. Mrs. Antrobus geht aber nicht, ehe sie ihren Gatten er-

mahnt hat, sich bequem zu setzen und auszuruhen. Kongreßteilnehmer, die dem Disput der Eheleute zugehört haben, foppen Mr. Antrobus, weil er ,,den alten Hühnerstall" nicht zu Hause gelassen hat. Darüber ist seine bessere Hälfte empört. Wer will einem Mann das Recht absprechen, seine Familie zum Kongreß mitzunehmen? Wer hat etwas anderes für die Familie anzubieten? Mr. Antrobus hütet sich, zu ihrer energisch und drohend vertretenen Meinung Stellung zu nehmen, er stellt sich schlafend. Endlich kann sie abgehen.
Sabinas große Stunde ist gekommen. Ängstlich versucht sie zuerst noch einmal, sich von der Wahrsagerin die Zukunft deuten zu lassen. Als sie ironisch abgewiesen wird, bleibt ihr nur noch übrig, sich direkt an Mr. Antrobus zu wenden. Sie legt es geschickt an. Zunächst bringt sie ihm bei, daß sie nicht mit jenen Mädchen verwechselt werden möchte, die nichts anderes im Kopf haben als Schönheitswettbewerbe. Dann singt sie bewundernd das Lob der Mrs. Antrobus und bringt Mr. Antrobus in Verlegenheit. Das gibt ihr Anlaß, ihn unter dem Vorwand, sie habe ihm etwas Wichtiges mitzuteilen, wolle aber nicht vor aller Leute Augen mit ihm sprechen, in ihre Badekabine zu locken. Halb ist er schon gewonnen. Sabina aber trägt nun dick auf und sagt ihm alltägliche Schmeicheleien über seine männliche Erscheinung, die Geist und Kraft ausstrahlt. Antrobus fängt an, zärtlich zu werden.
Da wird Lily Fairweather wieder die Schauspielerin Miss Somerset, die dem Publikum erklärt, sie werde am Abend diese Szene nicht spielen. Sie sei nur kurz und könne übersprungen werden. In dieser Szene gewinnt sie Mr. Antrobus zu dem Entschluß, seine Frau zu verlassen, in Reno die Scheidung zu beantragen und Sabina zu heiraten. Der Spielleiter und andere Schauspieler erscheinen auf der Bühne und reden Miss Somerset zu, die Szene doch zu spielen. Sie aber bleibt fest entschlossen. Eine ihrer Freundinnen ist unter dem Publikum, der es einmal ähnlich ergangen ist wie

jetzt Mrs. Antrobus, ihre Gefühle müßten verletzt werden, wenn er spielte. Mr. Antrobus entscheidet schließlich, daß die Szene übersprungen werden soll. Jedermann weiß sowieso, was sie bringt. Nur das Ende der Szene wird gespielt. Mr. Antrobus fühlt sich sehr unbehaglich bei dem Gedanken, daß er seiner Frau seine Entscheidung mitteilen muß. Er fürchtet, daß er ihre Gefühle verletzt. Sabina aber redet ihm zu, andere Leute hätten keine Gefühle, diese seien den Ausnahmemenschen wie dem Präsidenten und der Schönheitskönigin vorbehalten. Diese menschlichen Ausnahmen regieren aus der Kraft ihres reichen Innenlebens im geheimen die Welt. Genuß und Macht sind die einzigen erstrebenswerten Lebensziele, alles andere ist Langeweile und Unsinn. Mr. Antrobus läßt sich von ihren Redensarten, vom überheblichen Aberglauben aller Liebenden und Ehrgeizigen, sie seien einmalig in der Welt, tatsächlich einfangen. Jetzt glaubt er selbst, daß es ganz einfach ist, seiner Frau zu sagen, was er vorhat.
Während die beiden in der Badekabine verschwinden, kommt Mrs. Antrobus mit Gladys vom Einkauf zurück. Gladys trägt rote Strümpfe, die ihre Mutter abscheulich findet. In der Ferne donnert es bereits, am Signalmast wird die dritte Scheibe aufgezogen, die Hurrikan bedeutet. Für Mrs. Antrobus und Gladys aber sind die modischen roten Strümpfe im Augenblick wichtiger als der größte Sturm der Welt. Der Vater soll sagen, wie er darüber denkt. Gladys hat jedoch bereits herausgefunden, daß er bei ,,der Dame mit dem roten Kleid" ist. Rundfunkleute kommen auf die Bühne. Mr. Antrobus soll seine Rede halten, er ist aber noch nicht anwesend. Die Sendung kann nicht mehr lange verschoben werden, weil ein Sturm im Anzug ist. Rechtzeitig erscheint Mr. Antrobus. Gewichtig erklärt er, daß er seine Rede halten wird, wenn die Sendezeit gekommen ist. Vorerst hat er seiner Frau etwas zu sagen. Würdevoll teilt er ihr mit, was er mit Sabina beschlossen hat. Die Rundfunkleute drängen. Es wird genügen, wenn Mr. Antrobus das Al-

phabet aufsagt. Mr. Antrobus aber hat keine Zeit. Die ruhige Gelassenheit seiner Frau, die nach fünftausendjähriger Ehe das Recht beansprucht, ein Wort sagen zu dürfen, verwirrt ihn. Sie hat ihn nicht geheiratet, weil sie ihn liebte, sondern weil er ihr ein Versprechen gegeben hat. Dieses Versprechen hat ihnen geholfen, das Haus zu wahren und die Kinder zu erziehen. Wenn es nicht mehr gelten soll, kann dann Gladys auch — rote Strümpfe tragen. Diese Dinger an seiner Tochter erregen des Vaters ganzen Zorn, der sich gleich gegen Sabina wendet, die er verdächtigt, dem Kinde ,,diese abscheulichen Dinger" gegeben zu haben. Er befiehlt Gladys sofort ins Hotel zu gehen und sich umzuziehen. Die Mutter verlangt von ihm, daß er sich nicht aufregt. Sie wird selbst mit Gladys ins Hotel gehen. Vorher muß sie dem Meer eine Botschaft anvertrauen, die erst einem neuen Zeitalter zugänglich sein wird. Die Frauen sind nicht, wie man sie in Büchern, in Filmen und im Rundfunk beschreibt. Sie sind, wie sie sind, und ihretwegen wurde einst das ganze Weltall in Bewegung gesetzt. Niemals wird ein Mann sie begreifen. Fügt aber nur einer von ihnen einer Frau ein Leid zu, so verdient er, ,,daß seine Seele — falls er überhaupt eine hat — auf dem Grunde des Ozeans liegt." Das vertraut Mrs. Antrobus als Flaschenpost an. Dann will sie Gladys fortführen. Die Tochter aber reißt sich los von ihrer Hand und berichtet dem Vater, daß Henry wieder einmal mit einem Stein nach einem Mann geworfen hat und sich vor der Polizei verborgen hält. Wenn der Papa aber nichts mehr mit Mama zu tun haben will, ist ihr das gleichgültig und sie wird ihn niemals mehr liebhaben. Nach dieser Erklärung läuft sie weg. Der zwischen einander widerstrebenden Gefühlen hin- und hergerissene Mr. Antrobus will ihr nach, wird aber von Sabina und den Rundfunkleuten festgehalten. Es bleibt nur noch wenig Zeit für die Sendung, bis der Sturm losbricht. Langsam faßt sich Mr. Antrobus, zeigt dann plötzlich in den Zuschauerraum, wo er die Walfische erkennt, die seine Frau so gern sehen möchte. Er ist beruhigt, als der Ansager ihn aufklärt, die vielen Tiere seien Delegierte, die wegen seiner Rundfunkansprache gekommen seien. Die Kongreßteilnehmer allerdings haben sich vor der Ansprache verflüchtigt. Mr. Antrobus beginnt. Er kommt jedoch nicht über den Anfang seiner Rede hinaus, der nach guter Festrednermanier beim Anfang des Lebens auf der Welt vor Billionen Jahren ansetzt. Die vierte Scheibe wird am Wettermast aufgezogen, sie bedeutet Weltuntergang. Die Wahrsagerin drängt Antrobus, mit seiner Familie auf das Schiff zu gehen. Pathetisch klagt er, daß er keine Familie mehr hat. Die Wahrsagerin nimmt das nicht ernst. Sie mahnt ihn, auch die Delegierten der Tiere, je zwei von jeder Art mitzunehmen. Sabina ist erschrocken über die Wandlung, die mit Mr. Antrobus vor sich geht. Sie versucht ihn zu überreden, der Wahrsagerin nicht zu glauben. Es werde ein Sturm wie jeder andere. Aber sie zittert vor Angst. Mrs. Antrobus und Gladys erscheinen prompt auf Mr. Antrobus Rufen hin. Sie sind ruhig und sachlich. Mr. Antrobus fordert sie auf, sofort auf das Schiff zu gehen. Seine Frau sucht jedoch noch nach dem Sohn Henry, der sich der Polizei entzieht. Geschäftig, aber überlegt und überlegen gibt Mr. Antrobus seine Anweisungen an die Tiere, seiner Familie ist er bereits sicher. Kongreßteilnehmer mit einer Fahne marschieren über die Bühne und machen sich über George Antrobus lustig, weil er Zirkusdirektor spielt. Sie glauben nicht an eine Gefahr. Mr. Antrobus aber läßt sich durch ihren Spott nicht beeinflussen. Er treibt Frau und Tochter an, endlich auf das Schiff zu gehen. Im letzten Augenblick kommt auch Henry-Kain. Verzweifelt fleht Sabina Mrs. Antrobus an, sie mitzunehmen. Ungeduldig, aber so, als ob es unwichtig wäre, willigt Mrs. Antrobus ein: ,,Es wird viel zu tun geben. Mach schnell!" Aus der Schönheitskönigin des ,,fair weather" ist in der Stunde der Gefahr wieder das Dienstmädchen geworden. Als die Familie Antrobus bereits auf das Schiff gegangen ist, tauchen wieder Gruppen von Kongreßteilnehmern auf, die übermütig die Wahrsagerin verspotten. Voll bitteren Hohnes aber rät sie ihnen, sich im Wasser zu amüsieren. Nichts wird die Sintflut aufhalten. Alle haben ihre Chance gehabt, ihren Tag gesehen. Aber sie haben versagt und verloren. Dann schaut sie hinaus auf das Meer: „Sie sind gerettet. George Antrobus. Überlege es dir. Eine neue Welt beginnen — überlege es dir."

Dritter Akt

Die Szene ist wie im ersten Akt das Haus der Familie Antrobus in Excelsior, New Jersey. Es weist alle Anzeichen der Zerstörung und Verwahrlosung auf. Hinter der Bühne ist Feuerschein sichtbar. Mehrere Male ertönt ein Trompetensignal. Durch die schrägstehende Tür tritt Sabina ein. Sie ist in der Tracht einer Marketenderin gekleidet, ausdrücklich schreibt Wilder vor, daß sie das Kostüm der Regimentstochter in Donizettis gleichnamiger Oper tragen soll. Sie ruft nach Mrs. Antrobus und Gladys. Der Krieg ist aus. Mr. Antrobus wird in Kürze heimkehren: ,,Er sagt, nun da der Krieg zu Ende ist, sollten wir uns alle häuslich niederlassen und vollkommen werden." Statt der erwarteten Mrs. Antrobus und Gladys aber tritt der Spielleiter auf, gefolgt vom ganzen Ensemble. Er unterbricht Miss Somerset, um dem Publikum eine Erklärung abzugeben. Dazu läßt er den Zuschauerraum wieder erleuchten. Er gibt bekannt. daß ein bedauerlicher Unfall dazu führte, daß sieben Mitglieder des Ensembles ausfielen. Sie mußten wegen einer Vergiftung durch verdorbene Nahrungsmittel ins Krankenhaus geschafft werden. Es folgt dann die improvisierte Probe des Auftritts der personifizierten Nachtstunden, unter denen sich der Autor jeweils einen Philosophen vorstellte. Als Darsteller wirken jetzt angebliche Dilettanten aus dem technischen Personal der Bühne. Dem Publikum wird vorgeschlagen, entweder ins Foyer zu gehen und weiter zu rauchen oder dazubleiben und zuzuhören, wobei allerdings darum gebeten werden muß, daß Unterhaltungen leise geführt werden. Wegen der Dringlichkeit wird die Probe ohne Kostüme abgehalten. Danach geht der Vorhang herunter.
Der dritte Akt beginnt von neuem. Sabina spricht noch einmal den Text, mit dem sie bereits vor der Unterbrechung angefangen hat. Jetzt antwortet Mrs. Antrobus auf das Stichwort und steigt durch eine Falltür aus dem Keller hervor. Da Sabina aber, weil sie lange

auf Antwort warten mußte, weitergegangen ist, um anderweitig nach Überlebenden zu suchen, wird Mrs. Antrobus unsicher. Sie warnt Gladys, die mit ihrem Kind sich ebenfalls hervorwagt, nicht unvorsichtig zu sein. Gladys aber möchte ihrem Kind wenigstens eine Minute lang frische Luft gönnen. Mrs. Antrobus entdeckt überrascht Leben auf der Straße. Da wird Gladys ängstlich und möchte die Mutter zurückholen. Ihrer Mutter aber fällt auf, daß die Leute sich anders, sorgloser bewegen als sonst. Da kommt Sabina zurück. Sieben Jahre lang hat sie in den Lagern der Soldaten gelebt, sie muß sich erst wieder im Frieden zurechtfinden. Zunächst gibt es nur eins: man muß an die Männer denken, die nach Hause zurückkommen. Sabina kommandiert im Hause. Mrs. Antrobus und Gladys müssen sofort ihre besten Kleider anziehen. Mr. Antrobus ist bereits in der Stadt. Der Frage, wer den Krieg gewonnen hat, weicht Sabina aus. Das ist bei der totalen Verelendung nicht mehr wichtig. In einiger Entfernung ertönt eine Pfeife. Sie erinnert Sabina an die frühere Sirene der Schuhwichsfabrik. Im Frieden hat man es auch mit Schuhwichse eilig. Unaufhörlich schwätzt Sabina weiter. Mr. Antrobus ist schon wieder in voller Tätigkeit, er hat den Kopf voller Pläne für die Friedenszeit. Vor allem aber verlangt er nach seinen Büchern. Ohne sie, sagt er, lohnt es nicht, wieder von vorn anzufangen. Mr. Antrobus will die ganze überlebende Menschheit umkrempeln, alle ,,werden jetzt wundervoll werden, sagt er, und fleißig und klug." Auch für seine Frau hat er phantastische Pläne. Sabina, die recht angewidert muffig gewordene Bücher durchstöbert, weiß freilich besser, wie es kommen wird. In kurzer Zeit wird alles wieder sein, wie es früher war, die alltäglichen Lebensgewohnheiten werden jeden großen Schwung lähmen und die durchschnittliche Behaglichkeit und die billigen Vergnügungen wieder hervortreten lassen. Sie selbst hat den Krieg genossen und findet, daß sich im Kriege alle nur von ihrer besten Seite zeigen. Der Frieden aber bringt Eintönigkeit, Gleichmaß und Langeweile.

Sabina verliert sich in ihre Begeisterung für die schönen, anregenden Kriegszeiten, ohne daß Mrs. Antrobus ihr zuhört.
Henrys Auftritt unterbricht sie. Er war im Kriege immer der Feind. Sein Vater hat erklärt, daß der mißratene Sohn nie wieder sein Haus betreten, daß er ihn auf der Stelle umbringen wird, wenn er ihn nur zu Gesicht bekommt. Sabina erkennt Henry erst als er droht, er werde den Vater umbringen sobald er ihm begegnet. Sieben Jahre hat er damit zugebracht, ihn zu suchen. Sabina aber hat keine Angst vor ihm. Der Krieg ist aus. Jetzt ist auch der gefürchtete Henry Antrobus nicht wichtiger als irgendein anderer Arbeitsloser. Sie rät ihm, sich zu verstecken, bis der Vater sich beruhigt hat. Henry aber wütet weiter. Zunächst will er die Bücher vernichten. Sie sind schuld daran, daß der Vater auf diese Ideen kommt, die dazu führen, daß es in der Welt so aussieht, daß man nicht mehr darin leben kann. Aber ehe Henry etwas tun kann, taumelt er und sinkt vor Erschöpfung zusammen. Sabina merkt, daß er der Ruhe bedarf. Henry aber spricht weiter. Er will von der Mutter und Schwester nichts wissen. Sie haben sich nie um ihn gekümmert. Sabina hält ihm vor, daß nun das alte Gejammer wieder anfängt, weil er glaubt, nicht genug geliebt zu werden. Die Leute sollen endlich anfangen, liebenswürdig zu sein, dann würden sie auch geliebt. Erregt fährt Henry auf, er wolle von keinem geliebt werden. Aber Sabina glaubt ihm nicht. Aus jedem seiner Worte hört sie seine Sehnsucht heraus, geliebt zu werden. Mrs. Antrobus und Gladys treten auf. Sie sind wie im ersten Akt gekleidet. Die erste Sorge der Mutter ist, dem Sohn etwas zu essen zu beschaffen. Die letzten Kartoffeln will sie zwischen ihm und dem Vater teilen. Trotzig erklärt Henry noch einmal, daß er nicht gekommen ist, um wieder mit ihnen zu leben. Er gehört nirgendwo hin. Mrs. Antrobus aber ist seine Meinung uninteressant, seine erhaltenen Fußballpreise sind ihr wichtiger. Sie bringt ihn zur Ruhe und nimmt ihm den Revolver ab, den er nun nicht mehr braucht. Henry schläft ein.

Spöttisch blickt Sabina auf ihn: ,,Puh! Der Schrecken der Welt!"
Da wird Mrs. Antrobus energisch. Als seien die sieben Jahre wie nichts vergangen, nimmt sie die altgewohnte Arbeit im Hause wieder auf. Sie räumt das Zimmer auf und weist Sabina an, die Arbeit zu beginnen und zu helfen, das Haus in Ordnung zu bringen. Noch immer mault Sabina. Immer wird von vorn angefangen. Niemand aber weiß, ob es nachher besser wird. Noch mehr Kriege, noch mehr Mauern aus Eis, Sintfluten und Erdbeben wird es geben. Jetzt will sie die Arbeit wieder aufnehmen, aber aus purer Gewohnheit. Sie hält nichts mehr davon. Das bringt Mrs. Antrobus auf. So entschieden, daß Sabina erschrickt, erklärt sie, daß sie genug von dem Räsonieren hat. Auch wenn der Krieg siebzig Jahre dauerte und sie sein Elend ertragen müßte, sie würde keinen Augenblick daran zweifeln, daß diese Welt, auch die kleine ihres Haushalts, eine Aufgabe zu erfüllen hat und sie erfüllen wird. Dieses Haus, Cedar Street 116, mit all seinen Erinnerungen gibt eine Vorstellung von dem, was eines Tages zustandegebracht werden kann, wenn die zu ihm gehörenden Menschen nur den Kopf oben behalten. Zu viele Menschen sind für sie und ihre Kinder gestorben, als daß sie sich jetzt leisten könnten, aufzugeben. Also wird das Haus in Ordnung gebracht. Sabina ist überwältigt von ihrer Beredsamkeit. Sie fügt sich willig, wundert sich jedoch, daß sie soweit davon fortlaufen kann wie möglich und doch immer wieder in der Küche landet. Mrs. Antrobus aber ist selbst überrascht von ihrem Redefluß. Es muß wohl daher kommen, daß ihr Vater ein Geistlicher war, wenn er auch schon seit fünftausend Jahren tot ist. Fast hätte sie mit ihrer Rede Henry aufgeweckt.
Henry spricht im Schlaf. Er hält aufrührerische Reden gegen die bestehende Welt. Seine Anhänger haben sich alles bieten lassen, sie haben nichts mehr zu verlieren und alles zu gewinnen. Sie müssen aber erst alles niederreißen und zusammenschlagen, ehe sie neu beginnen können. Zunächst merkt Henry nicht, daß Mr. An-

trobus eintritt und den Revolver zieht, als er den Sohn erblickt. Henry erwacht und richtet sich erschrocken auf. Nach Wilders Bühnenanweisung soll er in der folgenden Szene nicht ,,als der unverstandene junge Mann, sondern als Repräsentant des starken, unversöhnlich Bösen" erscheinen. Er fordert den Vater auf, zu tun, was er wollte, ihn zu erschießen. Es darf ihn nicht kümmern, daß sie verwandt sind. Voller Haß sagt sich Henry von ihm los. Er will niemand über sich dulden, er will ganz allein sein. Mr. Antrobus aber klagt. Der Anblick des Sohnes macht alle seine Hoffnungen zunichte. Er wünscht sich, daß der Krieg noch fortdauert. Er war ein Vergnügen, verglichen mit dem, was ihm jetzt bevorsteht, ,,den Frieden zu sichern mit dir in unserer Mitte." Henry antwortet rebellisch, daß er mit seinem Frieden nichts zu tun haben will. Er will einen weiten Weg gehen und sich seine eigene Welt aufbauen, in der es freie Männer gibt und jeder eine Chance hat und tun und lassen kann, was er will. Mr. Antrobus wird nachdenklich. Schließlich wirft er den Revolver aus dem Fenster und wendet sich hoffnungsvoll dem Sohn zu: ,,Henry, wir wollen es noch einmal versuchen.". Henry bleibt verstockt. Es wird doch alles bleiben, wie es war, nichts wird sich bessern, ihm bleibt wieder nur übrig, der gehorsame Junge zu sein, der sich fügt, wie es der Vater bestimmt: ,,Ein guter Junge sein und ein gutes Schaf, wie es in den Büchern geschrieben steht, aus denen du dir deine stinkenden Ideen holst." Hart erwidert Mr. Antrobus, daß man, um eine neue Welt zu schaffen, in der Menschen leben sollen, erst in sich selbst Ordnung machen muß. Er wird Henry bis zum letzten Atemzuge bekämpfen, ,,solange deine Idee der Freiheit nur darin besteht, alles für dich selbst ergattern zu wollen." Sie wollen beide dasselbe, eine bessere und freiere Welt. ,,Du und ich, wir wollen beide dasselbe", erklärt Mr. Antrobus. ,,Aber so lange du es nicht als etwas betrachtest, worauf jeder ein Anrecht hat, solange bist du mein Todfeind, und ich werde dich vernichten." Als er bei dieser Wendung die Stimme seiner Frau aus der Küche hört, stellt Mr. Antrobus sofort um, er ist bemüht, den Streit beizulegen oder wenigstens aufzuschieben. Dabei stört es ihn nicht, daß Henry auffährt, er habe keine Mutter und kein Zuhause. Der Vater glaubt ihm nicht. Warum ist er denn in das Elternhaus zurückgekehrt? Er verlangt von ihm, daß er sich anständig benimmt. Henry aber braust auf. Niemand hat ihm zu sagen: Du mußt. Sein ganzes Leben lang haben sich alle gegen ihn gestellt. Jetzt will er frei sein und wenn er die ganze Welt umbringen müßte. Mit den eigenen Händen will er den Vater, der ihm immer im Wege steht, erwürgen.

Da gebietet Miss Somerset Halt. Sie fordert, daß die Szene nicht weitergespielt wird. Schon gestern abend hätte der Darsteller des Henry den Darsteller des Mr. Antrobus dabei beinahe erwürgt. Henry entschuldigt sich bei ihr. Er hat eigentlich nichts gegen Mr. Antrobus, er bewundert ihn sogar. Aber wenn er diese Szene spielt, kommt etwas über ihn. Es ist, als ob er wieder fünfzehn Jahre alt sei, als sein Vater ihn jeden Samstagabend prügelte und einsperrte. Immer hatte er zu wenig zu essen, und nie gab ihm sein Vater Geld genug, sich anständig anzuziehen, so daß er sich schämte, in die Stadt zu gehen. Alles, was er tun wollte, war ihm verboten. So fühlte er sich in dieser Szene in seine Schulzeit zurückversetzt. Wieder spürte er in sich die große Leere des Gehaßtwerdens und der Feindseligkeiten um sich. Nur ein Gedanke füllte diese Leere aus: ,,schlagen zu müssen, zu kämpfen und zu töten. Wie soll ich es nur sagen — es ist, als ob man andere ermorden müßte, um nicht am Ende sich selbst zu ermorden." Sabina redet ihm zu, alles sei nur Einbildung, seine Eltern seien immer gut zu ihm gewesen und hätten ihn nie eingesperrt. Henry aber beharrt darauf, daß sie wünschten, er sei nie geboren worden. Da meldet sich Mr. Antrobus zu Wort. Nicht ohne Stolz verurteilt er sich selbst, auch er trage Schuld daran, daß Henry ihn in dieser Szene erwürgen wollte. In ihm muß etwas sein, was den Sohn an all das Bittere der Vergangenheit erinnert. Ohne jegliches Verstehen für den anderen aber spricht Mr. Antrobus gleich von sich selbst. Auch er fühlt die Leere, von der Henry sprach. Er hat immer nur gearbeitet und darüber aufgehört, zu leben. Da ist es kein Wunder, daß dieser Zorn über Henry kam. Vor so viel Mißverstehen kann Sabina nur noch anmerken, daß sie eben alle miteinander schlecht sind. Mrs. Antrobus kommt nach kurzer Überlegung zu dem Schluß, daß Henry gut daran tut, sich einmal abzukühlen. Sabina erbietet sich, mit ihm zu gehen. Mr. und Mrs. Antrobus sollen derweilen allein weiterspielen. Henry aber entschuldigt sich, ehe er abgeht, bei dem Darsteller des Mr. Antrobus und verspricht ihm, daß er morgen Abend bei dieser Stelle nicht wieder die Nerven verlieren wird. Mr. und Mrs. Antrobus spielen die Schlußszene. Die Mitbürger draußen feiern den Frieden mit einem Freudenfeuer. Mr. Antrobus aber ist überwältigt von Erinnerungen, müde und voller Unruhe zugleich. Er hat den Wunsch, wieder von vorn anzufangen, der ihn während des Krieges nie verließ, verloren. Jetzt fühlt er nur Erleichterung und den Wunsch, es sich leicht zu machen und in die alten Gewohnheiten zurückzufallen: ,,Wenn Krieg ist, denkt man über ein besseres Leben nach. Wenn Frieden ist über ein bequemeres Leben." Er fühlt sich müde und krank. Mrs. Antrobus aber redet ihm zu. In all den schweren Jahren der Not und Gefahr hielt sie und Gladys nur ein Gedanke und eine Hoffnung am Leben, daß der Gatte und Vater einmal wiederkommen würde, um aus diesem Leiden etwas Gutes zu machen. Sie wollen jetzt kein bequemeres Leben, sie können vieles entbehren und ertragen, wenn er sie nicht im Stich läßt. Sabina tritt auf. Sie trägt das gleiche Kostüm wie am Anfang des Stückes. Sie hat das Leben von einst wieder aufgenommen. Jetzt möchte sie ins Kino gehen. Geld wird da nicht angenommen, aber alles Nützliche. Sie hat vorgesorgt und ein bißchen auf die Seite geschafft. Das ist zwar verboten und ungesetzlich, aber auch Mr. Antrobus wäre nach Sabinas Meinung im Leben weitergekommen, wenn er eingesehen hätte, daß nur ein Gesetz die Welt regiert: „Fressen und Gefressenwerden." Sie haßt diese Welt, aber es gibt keine bessere. Mr. Antrobus geht stillschweigend auf ihren Wunsch ein. Er gibt ihr von dem kleinen gehorteten Vorrat, den sie ihm abliefert, ab, was sie für das Kino braucht. Auch er paßt sich an. Gleich ist Sabina gewonnen. Er ist ein gescheiter Mann. Wenn er eine Idee hat, wie man diese verrückte Welt bessern kann, macht sie mit. Ab und zu aber muß sie eben mal ins Kino gehen. Mr. Antrobus sieht ihr belustigt nach. Dann erinnert er sich. Drei Dinge waren es, die er immer zusammen sah, wenn er überhaupt klar sah: „Die Stimme des Volkes in seiner Verwirrung und Not, der Gedanke an sein Haus, seine Frau und seine Kinder und seine Bücher." Endlich fragt er nach den Büchern. Als seine Frau ihm einige erhaltene gibt, vertieft er sich in sie. Er weiß, daß das Leben ein Kampf ist, daß alles, was gut und ausgezeichnet ist in der Welt, immer erkämpft werden muß, im Felde wie im Heim und in der Heimat. Dazu braucht er dreierlei: einmal den festen Glauben, daß Gott dem Menschen immer die Kraft gegeben hat, neue Welten aufzubauen, zum zweiten die Erinnerung an begangene Fehler, die warnen sollen, und er und Maggie wollen sich vornehmen, im Frieden nicht zu vergessen, was sie im Krieg so klar erkannten, und drittens die Bücher, die den Weg in die Zukunft stationsweise aufzeigen.

Es folgt die Allegorie der personifizierten Nachtstunden. Danach gehen die Lichter aus, die Mitternachtsglocke schlägt. Ebenso plötzlich gehen die Lichter wieder an. Sabina spricht den Anfang des Stückes, es beginnt wieder von vorn. Sie hat das Schlußwort. Das Stück hat noch viele Akte, es ist nicht zu Ende. Es wird nie zu Ende gehen. Nur für diesen Abend ist es genug. So wünscht sie den Zuschauern „Gute Nacht!"

3.3 „Wir sind noch einmal davongekommen"
— vierzig Jahre danach —

Die Erfolge, die das Stück unmittelbar nach dem Kriege auf deutschen Bühnen hatte, beruhten darauf, daß das Publikum in ihm eigene Schicksale auf der Bühne wiederzufinden glaubte. Eben war man einer weltweiten Katastrophe entgangen, man war selbst „noch einmal davongekommen" und faßte Mut aus dem tatbereiten „Trotzdem", in dem das Stück ausklang. Man erlebte Wilders Bekenntnis zur Tat, zum machtvollen und trotz aller Fehlschläge unbeirrbaren humanen Fortschrittswillen, zur schöpferischen Kraft des Geistes und der Bücher. Das Ende des Stückes, das wiederum sein Anfang ist, zeigt, daß die Menschen aus den großen Katastrophen nicht lernen, wie auch Mr. Antrobus den Repräsentanten des unversöhnlich Bösen, seinen Sohn Henry-Kain, wieder mit in die neue Welt nimmt, die er aufbauen will, übersah man oder nahm es als Mahnung, es selbst in Zukunft anders zu machen. Aus der Distanz, die wir heute zu dem Werk und seinen damaligen Aufführungen haben, erkennen wir, daß jene Interpretationen wenn nicht falsch, so doch einseitig und unzulänglich waren. Eigentlich hätte der Termin der Entstehung des Werkes schon darauf hinweisen müssen, daß es nicht als Folgerung aus dem zweiten Weltkrieg anzusehen war, denn als es entstand, war Amerika noch draußen und das Ausmaß der endlichen Katastrophe war unabsehbar. Es war ein Stück, das auch auf die europäische und besonders deutsche Situation nach dem Kriege paßte. Es war nicht den Überlebenden auf den Leib geschneidert, wie Kritiker schrieben, aber es war weit genug, auch diesem Leib angepaßt zu werden.

Heute, gut vierzig Jahre später, ist das Stück nicht mehr so selbstverständlich wie damals in den Spielplänen. Es war aber auch nicht ein reines Zeitstück, das mit der Situation oder Konjunktur, die es hervorgerufen hat, endet und vergessen wird. Es erweist auch jetzt immer wieder seine Lebenskraft auf der Bühne. Freilich sehen wir es heute anders. Die brennende Aktualität, die man damals empfand, vermögen wir in der modernen Wohlstandsgesellschaft nicht mehr nachzuerleben. Aber seine menschlichen Probleme bleiben dennoch aktuell. Es ist die Überzeugung, daß die Menschheit immer wieder vor gleiche oder ähnliche Entscheidungen gestellt sein wird, von deren richtigen Beantwortung Sein oder Untergang abhängen. Es ist ein ,,Jedermann"-Spiel, aber sein Jedermann ist nicht das Individuum, die sittlich freie religiöse oder soziale Persönlichkeit, sondern die Menschheit als Gattung, wie sie vor allem im zweiten Akt humorvoll als Familie der Säugetiere apostrophiert wird. Grundsätze der Vernunft allein genügen nicht, sie zu retten, es müssen der Wille zur Ordnung und der Glaube an den Sinn des menschlichen Lebens hinzukommen. Darum sieht Mr. Antrobus in seinem Sohn Henry solange seinen Todfeind, wie er eine Welt der Selbstsucht, der Hemmungslosigkeit und der Beziehungslosigkeit der Menschen aufbauen will. Nicht zufällig wird deshalb in der Allegorie das Wort Platos gewählt: ,,So sage mir denn, o Kritias, wie wird ein Mann den Herrscher wählen, der über ihn zu herrschen hat? Wird er nicht einen wählen, der zuerst in sich selbst die Ordnung hergestellt hat, da er doch weiß, daß jede Entscheidung, die dem Zorn, dem Stolz oder der Eitelkeit entspringt, sich in ihren Auswirkungen auf die Bürger vertausendfacht." Es ist der feste Glaube an die trotz aller menschlichen Unzulänglichkeiten beste Staatsform der Demokratie, die hier von der Säugetierfamilie Antrobus von heute auf der Bühne dargestellt wird, die auch durch Enttäuschungen und Verirrungen in ihrem grundsätzlichen Wert nicht beeinträchtigt wird. Man kann diesen American way of life in vielen Einzelheiten verbessern, vervollkommnen, aber es gibt keinen anderen. Darin ist ,,The Skin of our Teeth" das amerikanischste Stück, das wir von Wilder haben.

Dieser Weg aber gewinnt seinen Sinn aus seinem Ziel, aus der menschlichen Verpflichtung, an den geistigen Beständen der Menschheit weiterzuarbeiten, sie tiefer zu erkennen, zu sichten und für das menschliche Leben und die Gesellschaft praktikabel zu machen. Nur um dieser geistigen Werte willen, zu denen nach Wilders Meinung die Menschen erzogen werden können, lohnt es immer wieder, nach den Fehlschlägen, die in menschlicher Begrenztheit und Eigensucht ihre Ursache haben, neuanzufangen. Das wird aber nicht pathetisch, noch gar lehrhaft in der Dichtung ausgesagt, sondern am liebe- und humorvollen Beispiel der in so vielen Einzelheiten fehlbaren und fehlerhaften Familie Antrobus gezeigt, die gar so weit entfernt ist von jeglicher Vollkommenheit. Liebe zu den Menschen, wie sie sind und bleiben werden, weil sie eben Menschen sind, spricht uns aus dieser Dichtung an. Ihre Grundlagen sind nicht philosophisch, wie oft behauptet wird, obwohl Philosophen bemüht werden, sondern human und liebevoll satirisch, also humoristisch. Das Werk hat keine politische Tendenz, aber in der modernen Welt läßt sich das Humane nicht mehr so rein vom Politischen trennen, wie es die Klassiker noch glaubten. Dadurch daß Wilders Werk dazu beiträgt, Menschen zu den der Menschheit gemeinsamen Werten zu erziehen, wird es immer wieder dazu beitragen können, die engen Grenzen der Nationen zu überwinden und die Verständigung der Völker zu fördern.

Wir wünschten, daß beide Stücke noch oft einem breiten Publikum zugänglich gemacht würden.

4. STIMMEN DER KRITIK

Zusammen mit dem Roman „The Bridge of San Luis Rey" (1926/1927) wird „Our Town" unbestritten als das wichtigste literarische Werk Thornton Wilder's eingestuft. Ihn jedoch klassifizieren zu wollen, ist der wissenschaftlichen Kritik stets schwer geworden, da er sich mit all seinen Ausdrucksmöglichkeiten — sei es episch, dramatisch oder essayistisch — von anderen (zeitgenössischen) Autoren unterscheidet.

Auch wenn er als bedeutender Autor weltweit geschätzt wird und mit einem Teil seines literarischen Werkes stets wieder beeindruckt, ist er von der **Kritik** keineswegs verschont geblieben. Sie entzündete sich zumeist an zwei **Punkten:**[1] Zum einen an der **Unabhängigkeit** seiner Kunst vom Trend der Zeit in Fragen zur Gesellschaft, Politik und zum Leben. Zum anderen an seinem **Rückgriff** auf literarische Vorbilder (Terenz, Dante, Nestroy, Joyce u. a.).

Wilder sah sich im Fluß von Zeit und Geschichte. Traditionen aufzugreifen und fortzusetzen, galt ihm nie als unkünstlerisch-reaktionär. Wilder war zu keiner Zeit ein Epigone, und es zeichnet ihn geradezu aus, wenn er mit der ihm eigenen Überlegenheit und mit Humor sagt: „I should be very happy, if, in the future some author should feel similarly indebted to any work of mine."[2]

Er war der Wissende und Weise, der von kleinlicher Kritik nie betroffen gemacht werden konnte, jedoch ganz ohne Überheblichkeit und Pose. Er hatte es nicht nötig, sich modisch zu gebärden, modernistisch oder aktuell im Streit mit seinen literarischen Zeitgenossen zu sein. Das Gewicht seiner Kunst wird begründet durch

---

1) Francis R. Gemme, Th. Wilder's „Our Town" and Other Works, S. 93
2) Francis R. Gemme, a.a.O., S. 94

sein tiefes, gereiftes und abgesichertes Verständnis gerade der europäischen Kultur und Geschichte, aus denen **seine moderne Zeitgenossenschaft** erwuchs.

(1) ... Wilder has an impressive list of critics in his corner. Among these are Edmund Fuller, Edmund Wilson, Malcolm Cowley, and Granville Hicks. These men praise Wilder as a master craftsman in his prose style, as an innovator in his drama, as one of the few writers in his age who achieves an archetypal perspective, and as a representative of the American moral tradition more familiar to the last century than to our own. Unlike his contemporaires, Wilder did not feel the necessity of revolting against tradition whether it be moral or political. There is no doubt that this morality and classicism made him less popular than Hemingway, Faulkner, Dos Passos, or Steinbeck during the 1930's and 1940's, but his principal efforts seem to have endured with that same style and message...
(Francis R. Gemme, Thornton Wilder's ,,Our Town'' and Other Works).

(2) ... **Kaum ein anderes Werk** der modernen Dramatik ist zugleich so kühn im Formalen und von so erschütternder Schlichtheit der Aussage **wie Thornton Wilders Our Town (1938).** In der melancholischen Lyrik, die hier der Alltag gewinnt, ist Wilder den Dramen Tschechows verpflichtet, seine formalen Neuerungen aber versuchen, das Tschechowsche Erbe von seinen Widersprüchen zu befreien und jenseits des Dramas zur adäquaten Form zu bringen...
(Peter Szondi, Theorie des modernen Dramas)

(3) ... **Aussage und Wirkung. Unsere kleine Stadt ist eine der schönsten surrealistischen Dichtungen der Bühne. Sie entsagt bewußt dem Illusionstheater,** daß eine Wirkung mit theatralischen Mitteln vortäuschen will. Hier gibt es keinen Vor-

hang, keine Dekoration und keine Requisiten. Ob es sich nun auf der Bühne um Feueranmachen, Kochen, Blumenpflücken, Bohnenschneiden handelt, ob ein Milchwagenpferd hereintrabt, alles und jedes muß allein durch die Gebärdensprache der Schauspieler dargestellt werden. **So ruft Wilder die Phantasie der Zuschauer auf, diese kleine Stadt und ihr Leben aufzubauen, ohne dieser Einbildungskraft die üblichen Hilfen theatralischer Illusion zuzubilligen.** All das hat man schon im deutschen Expressionismus versucht, von dessen exzessiver Sprache Wilder jedoch weit entfernt ist. Seine Menschen reden schlicht, fast trocken und unsentimental, und stehen doch in der Aura seines dichterischen Wortes. So wird nicht nur der Alltag von Grovers Corner lebendig, sondern auch das Wunder der Liebe Emilys und Georges, ja das Geheimnis des Todes und die herrliche Kraft des Lebens, das „die Menschen, während sie es leben, niemals begreifen". Nur die Heiligen und die Dichter verstehen es „vielleicht". **In Unsere kleine Stadt gelang Wilder surrealistische Gestaltung, symbolische Vision, ja abstraktes Theater, dessen Wachrufen des Geistigen oberhalb aller Realität bewundernswert bleibt...**
(Felix Emmel, rororo Schauspielführer)

(4) ... Aussage und Wirkung. Wir sind noch einmal davongekommen ist die gigantische Warnung eines Dichters an die Menschheit, nicht so weiterzumachen wie bisher. Es enthält die Erkenntnis, daß die Umwelt des Menschen seit Jahrtausenden immer wieder völlig zerstört worden ist, daß der Mensch aber alles überdauert hat, weil ein Unzerstörbares in ihm lebt. Diese ewigen Abwehrkräfte im Menschen wider alle Zerstörung ruft Wilder in seinem Stück auf zur Bezwingung jeder neuen Weltbedrohung. Formal sprengt das Werk alle Regeln der bisherigen Dramatik, zeigt zeitlich weit auseinanderliegende Dinge und Gestalten gleichzeitig, schüttelt Räume der Geschichte und der

Gegenwart durcheinander und bekundet einen radikalen Surrealismus, ein Suchen nach wesentlicher Überwirklichkeit. Auch die theatralischen Formen mischt Wilder unbedenklich, von der kabarettistischen Farce bis zum metaphysischen Mysterium. Diese kunstvolle Konstruktion offenbart in jedem ihrer Züge das geistige Ziel des Dichters: seinen Appell an die ewigen Widerstandskräfte im Menschen, sich gegen die letzte unwiderrufliche Zerstörung zu entscheiden...
(Felix Emmel, rororo Schauspielführer)

5. LITERATURVERZEICHNIS

M. Cowley (Hg.)	Writers at Work (dtsch: wie sie schreiben). New York 1958 (Gütersloh o. J.)
H. Daiber	Deutsches Theater seit 1945. Stuttgart 1976
M. Dietrich	Das moderne Drama. Stuttgart 1961
F. Emmel	rororo Schauspielführer. Von Aischylos bis Peter Weiss. Hamburg, 9. Aufl. 1976
J. D. Hart	The Oxford Companion to American Literature. New York, 4. Aufl. 1965
W. Karrer/ E. Kreutzer	Daten der englischen und amerikanischen Literatur von 1890 bis zur Gegenwart. München 1975
W. J. Meserve	An Outline of American Drama. New York 1965
G. Rühle	Theater in unserer Zeit. Frankfurt 1976
P. Szondi	Theorie des modernen Dramas (1880-1950). Frankfurt, 11. Aufl. 1975

*

R. Burbank	Thornton Wilder. New York 1961
F. R. Gemme	Thornton Wilder's ‚Our Town' and ‚The Bridge of San Luis Rey' and Other Works. New York 1965
P. Goetsch (Hg.)	Das amerikanische Drama. Darin: R. Germer: ,,Wilder — The Skin of Our Teeth". Düsseldorf 1974, S. 170-182
D. Habermann	The Plays of Thornton Wilder. A Critical Study. Middleton 1967

M. C. Kuner	Thornton Wilder. The Bright and Dark. New York 1972
H. Papajewski	Thornton Wilder. New York 1961

ZUR NACHHILFE IN ENGLISCH

Peter Luther / Jürgen Meyer
Englische Diktatstoffe: Unter- und Mittelstufe
Die vorliegenden 67 Diktatstoffe sind für die Sekundarstufe I geeignet. Es wurde versucht, Themen und Texte zu berücksichtigen, die nach Länge, Inhalt und sprachlicher Schwierigkeit den Schülern dieser Spracherwerbsstufen angemessen sind.

Reiner Poppe
Englische Nacherzählungen Unter- und Mittelstufe
62 engl. Texte unterschiedlicher Länge und Schwierigkeit mit Vokabelhilfe und methodischen Anweisungen versehen.

Jürgen Meyer
Deutsch-englische Übersetzungsübungen 9.–13. Klasse
Texte mit Vokabeln und Lösungen für Fortgeschrittene, die ihre Kenntnisse in Wortanwendung und Grammatik erweitern und überprüfen wollen.

J. Meyer / G. Schulz **Englische Synonyme als Fehlerquellen**
– Übungssätze mit Lösungen – Diese Zusammenstellung beruht auf Beobachtungen, die die Verfasser im Unterricht gemacht haben. Die häufigsten Fehler wurden aufgezeigt und erläuternd berichtigt dargestellt.

Jürgen Meyer
Übungstexte zur englischen Grammatik 9.–13. Klasse
Texte mit ausführlichen Hinweisen zu den Vokabeln sowie Übungen zur Syntax und zum Wortschatz. Zur Gruppenarbeit und zum Selbststudium sehr geeignet.

Edgar Neis **Wie schreibe ich gute englische Nacherzählungen?**
Langjährige, im gymnasialen Englischunterricht in der Mittel- und Oberstufe bei zahlreichen Abiturprüfungen gewonnene Erfahrungen haben zur Herausgabe dieses Buches geführt. 6. Aufl.

Edgar Neis **Englische Nacherzählungen der siebziger Jahre**
Dieses Buch bringt Texte, die sich auf Persönlichkeiten unserer Zeit, auf politische und wissenschaftliche Fragen, auf zeitnahe Probleme, die zu Diskussionen herausfordern, beziehen.

Edgar Neis **Übungen zur englischen Herübersetzung**
Das Buch enthält Texte verschiedener Schwierigkeitsgrade teils mit, teils ohne Vokabelangaben und stellt ihnen vorbildliche Übertragungen versierter Übersetzer gegenüber, und zwar gesondert von den Vorlagen, so daß eine Selbstkontrolle möglich ist.

C. Bange Verlag Tel. 09274/372 **8607 Hollfeld**

ZUR NACHHILFE IN FRANZÖSISCH

Klaus Bahners
**Französischunterricht in der Sekundarstufe II
(Kollegstufe)** Texte - Analysen - Methoden
Hinweise für Lehrer und Schüler der reformierten Oberstufe zur Interpretation französischer Texte und Abfassungen von Nacherzählungen.

W. Reinhard **Französische Diktatstoffe**
Zur Festigung und Wiederholung von Rechtschreibung und Grammatik. Vorbereitung zur Nacherzählung.
Unter- und Mittelstufe

Werner Reinhard
Kurze moderne Übungstexte zur französischen Präposition
Übungen mit Lösungen in Verbindung mit der Anwendungsmöglichkeit der wichtigsten Präpositionen machen dieses Buch zu einem Übungs- und Nachhilfebuch für Anfänger und Fortgeschrittene.

W. Reinhard **Übungen zur französischen Herübersetzung**
40 französische Texte mit Vokabelangaben als Übungen zur Übersetzung ins Deutsche. Deutscher Lösungstext im Buch.

W. Reinhard
Übungstexte zur französischen Grammatik 9.–13. Klasse
Bei diesen Texten werden alle Schwierigkeitsgrade berücksichtigt. An die Texte schließen sich Aufgaben an, deren Lösungen in einem Anhang mitgegeben werden.

G. Sautermeister
Der sichere Weg zur guten französischen Nacherzählung
Das Werk umfaßt alle wesentlichen Gesichtspunkte, die beim Schreiben einer guten Nacherzählung berücksichtigt werden müssen.

Paul Kämpchen
Französische Texte zur Vorbereitung auf die Reifeprüfung
Innerhalb der Texte kann der Studierende die Fähigkeit zur schnellen und genauen Aufnahme einer kurzen Erzählung und deren treffende Wiedergabe reichlich üben.

Möslein/Sickermann-Bernard
Textes d'étude. 25 erzählende Texte franz. Literatur
Die aus der neueren französischen Literatur stammenden Texte dienen als Vorlagen für Nacherzählungen und Textaufgaben.

C. Bange Verlag Tel. 09274//372 **8607 Hollfeld**